JOACHIM LEGE

Unterschriftenquoren zwischen Parteienstaat und Selbstverwaltung

Schriften zum Öffentlichen Recht

Band 704

Unterschriftenquoren zwischen Parteienstaat und Selbstverwaltung

Die Rechtsprechung zum kommunalen Wahlvorschlagsrecht

Von

Dr. Joachim Lege

Duncker & Humblot · Berlin

Die Deutsche Bibliothek – CIP-Einheitsaufnahme

Lege, Joachim:
Unterschriftenquoren zwischen Parteienstaat und Selbstverwaltung : die Rechtsprechung zum kommunalen Wahlvorschlagsrecht / von Joachim Lege. – Berlin : Duncker und Humblot, 1996
(Schriften zum öffentlichen Recht ; Bd. 704)
ISBN 3-428-08694-5
NE: GT

Satz: W. März, Tübingen
Druck: Berliner Buchdruckerei Union GmbH, Berlin
Printed in Germany

ISSN 0582-0200
ISBN 3-428-08694-5

Vorwort

Die vorliegende Schrift ist zwar aus aktuellem Anlaß entstanden und verfolgt eine eindeutige These. Sie beruht jedoch nicht auf einem Gutachten.

Für Anregung und Kritik danke ich *Ute Rosenbusch*, *Christoph Enders*, *Stefan Fenzel* und *Peter Rottner*. Besonderer Dank gilt Herrn Professor Dr. h.c. *Norbert Simon* für die Aufnahme der Untersuchung in die „Schriften zum Öffentlichen Recht".

Das Manuskript wurde im wesentlichen Ende September 1995 abgeschlossen. Zur Zeit der Erstellung der Druckvorlage war die Entscheidung des Bayerischen Verfassungsgerichtshofes vom 18. Juli 1995 (Anhang A II 1 e) noch nicht in der amtlichen Sammlung veröffentlicht.

Zur Zitierweise: Die mit einem * versehenen Nachweise beziehen sich auf die in Anhang A zusammengestellte Judikatur.

Tübingen, im Dezember 1995 *Joachim Lege*

Inhaltsverzeichnis

Einleitung

Herkömmlicherweise wird im Recht der Wahlvorschläge, sei es auf der Ebene von Bund, Ländern oder Kommunen, unterschieden zwischen (hier so bezeichneten[1]) „etablierten" und „neuen" Parteien bzw. Wählervereinigungen: Die Wahlvorschläge „etablierter" Gruppierungen, also solcher, die bereits im Parlament oder in der kommunalen Vertretungskörperschaft vertreten sind, unterliegen geringeren Anforderungen als diejenigen „neuer" Parteien oder Wählervereinigungen. Üblich ist vor allem die Regelung, daß „neue" Wahlbewerber eine gewisse Anzahl von Unterstützungsunterschriften beibringen müssen, während die „Etablierten" von diesem Erfordernis ganz oder teilweise befreit sind[2]. Derartige *Zulassungsbeschränkungen*, die bereits vor der Wahl Bewerber ausschließen, sind zu unterscheiden von *Sperrklauseln*, die erst nach der Wahl die Splittergruppen aussieben — wie die bekannte 5%-Hürde etwa des § 6 VI BWahlG. Beides – Sperrklauseln und Zulassungsbeschränkungen – ist unstreitig im Grundsatz zulässig[3]. Problematisch ist jedoch hier wie dort das Maß. Im folgenden wird sich zeigen, daß jedenfalls bei Zulassungsbeschränkungen die Suche nach dem richtigen Maß entscheidend vorgeprägt wird durch die Begründung, mit der sie gerechtfertigt werden.

Hauptgegenstand der folgenden Untersuchung ist die Beschränkung des Wahlvorschlagsrechts im *kommunalen* Bereich. Dieser Bereich war jüngst Gegenstand hoch- und höchstrichterlicher Rechtsprechung[4], und er ist auch

---

[1] Terminologie nach *Hans Meyer*, Kommunalwahlrecht, in: *Püttner* (Hg.), Handbuch der kommunalen Wissenschaft und Praxis, Bd. II, 2. Aufl. 1982, S. 70 f.

[2] Z.B. § 20 II und III BWahlG; für das Kommunalwahlrecht s. die Zusammenstellung in Anhang B unter 3, jeweils a und b.

[3] Sperrklauseln: BVerfGE 1, 208 (256) – Landtag / Südschleswigscher Wählerverband; 6, 84 (93–95) – Bundestag; 6, 104 (112 ff.)*; 47, 253 (277 ff.) – Kommunalwahl; 51, 222 (233) – Europawahl. — Unterschriftenquoren: z.B. BVerfGE 12, 10 (27)* – Kommunalwahl – m.w.N. (genauer unten IV 2). — Zusammenfassend etwa BVerfGE 14, 121 (135) – Wahlkampfsendezeiten; 24, 300 (341) – Wahlkampfkostenerstattung, jeweils m.w.N. — *Hinweis:* Die hier und im folgenden mit einem * versehenen Nachweise beziehen sich auf die in Anhang A zusammengestellte Judikatur.

[4] BayVerfGH v. 18.7.1995 – Vf. 2, 7, 8 und 11-VII-95 = BayVBl. 1995, 624 – Popularklagen gegen das Gemeinde- und Landkreiswahlgesetz (GLKrWG) vom 10.8.1994 (s. Anhang A II 1 e); BVerfG (3. Kammer des 2. Senats) v. 29.4.1994 – 2 BvR 831 / 94, 2 BvQ 15 / 94 –, LKV 1994, 403 (s. Anhang A I 2 i); OVG MV v. 5.5.1994 – 4 K 6 / 94 –, DÖV 1995, 293 (s. Anhang A II 2 d).

Gegenstand neuester Gesetzgebung[5]. Anläßlich dieser Entwicklungen möchte der folgende Beitrag einen kritischen Überblick über die Dogmatik geben, und er möchte nicht zuletzt einen Aspekt in Erinnerung rufen, der bisweilen zu wenig Beachtung findet: Auf kommunaler Ebene steht das Wahlrecht in einem „Spannungsverhältnis"[6] zwischen „Parteienstaat und Selbstverwaltung"[7]. Wahlzulassungsbeschränkungen müssen demnach sehr sorgfältig daraufhin überprüft werden, welcher dieser beiden Seiten sie wirklich dienen.

Eine Darstellung der Dogmatik des kommunalen Wahlvorschlagsrechts muß aus zwei Gründen notwendig vergröbern und vereinfachen. Zum einen ist diese Dogmatik das Produkt einer seit den frühen fünfziger Jahren gewachsenen Rechtsprechung, die gerade nicht nur den kommunalen Bereich und nicht nur das Wahlvorschlagsrecht abdeckt. Zum andern ist die Ausgestaltung des Kommunalwahlrechts Ländersache und dementsprechend vielgestaltig. Will man deshalb die Aussage eines Urteils oder das Gewicht einer gesetzlichen Regelung genau abschätzen, muß stets sorgfältig der größere Kontext beachtet werden. Um ihn leichter zu erschließen, soll im Anschluß an die folgende Untersuchung *Anhang A* einen Überblick über die Judikatur vor allem des Bundesverfassungsgerichts und des Bayerischen Verfassungsgerichtshofes geben, *Anhang B* eine Zusammenstellung der derzeit geltenden landesrechtlichen Regelungen.

Im Recht der kommunalen Wahlvorschläge stellen sich zunächst die Fragen nach Geltung (I) und Einschränkbarkeit (II) der fünf „allgemeinen" Wahlrechtsgrundsätze (allgemeine, unmittelbare, freie, gleiche und geheime Wahl) auch in diesem Bereich. Von entscheidender Bedeutung ist sodann, um welcher Ziele willen das Wahlvorschlagsrecht dort legitimerweise beschränkt werden darf (III). Erst vor diesem Hintergrund läßt sich beurteilen, inwieweit einzelne Beschränkungen zu rechtfertigen sind (IV); dabei wird sich zeigen, daß problematisch nicht erst Höhe und Ausgestaltung von Unterschriftenquoren sind, sondern bereits die Differenzierung zwischen „etablierten" und „neuen" Wahlbewerbern. In prozessualer Hinsicht (V) bedarf nur der Status der politischen Parteien einer kurzen Betrachtung.

---

[5] Bayerisches Gesetz v. 18.7.1995 zur Änderung des Gemeinde- und Landkreiswahlgesetzes (GLKrWG) v. 10.8.1994 (GVBl. S. 747) i.d.F. d. Bek. v. 27.8.1995 (GVBl. S. 590); zur Begründung s. den Gesetzentwurf der Staatsregierung (Bayerischer Landtag, Drs. 13/1493, S. 7 f., 9 f.); zur parlamentarischen Beratung Plenarprotokoll 13/25 (S. 1743, 1745). Das Gesetz hat die Anzahl der erforderlichen Unterstützerunterschriften deutlich heraufgesetzt (genauer s. Anhang B 3 Bayern a).

[6] „Spannungsverhältnisse" sind für das Kommunalrecht überhaupt typisch: BVerfGE 79, 127 (147 f.); *Püttner*, in: HdbStR IV (1990), § 107 RN 64 i.V.m. RN 46 ff., 49.

[7] So der Titel des Aufsatzes von *Rinck*, JZ 1961, 73.

I. Die Wahlrechtsgrundsätze im kommunalen Wahlvorschlagsrecht

Für Wahlvorschläge auf kommunaler Ebene gelten im wesentlichen dieselben Wahlrechtsgrundsätze wie bei Parlamentswahlen und sonstigen Wahlen. Es sind jedoch einige Besonderheiten zu beachten, denn das kommunale Wahlvorschlagsrecht ist gewissermaßen die Schnittmenge zweier Sonderbereiche bei der Anwendung dieser Grundsätze: des Rechts der Wahl*vorbereitung* (1) und des Rechts der *kommunalen* Wahlen (2). Welche Konsequenzen sich daraus für die einzelnen Wahlrechtsgrundsätze ergeben, wird zu prüfen sein (3).

1. Geltung der Wahlrechtsgrundsätze auch für die Wahlvorbereitung, insbesondere das Wahlvorschlagsrecht

Die vier Grundsätze der allgemeinen, freien, gleichen und geheimen Wahl (z.B. Art. 28 I 2, 38 GG; Art. 14 I BayVerf) gelten, wie das Bundesverfassungsgericht vielfach entschieden hat, nicht nur für den eigentlichen Wahlvorgang, sondern auch für die Wahlvorbereitung, insbesondere das Wahlvorschlagsrecht[8]. Der Grundsatz der Unmittelbarkeit hat hingegen, soweit ersichtlich, in der Vorbereitungsphase bislang keine Bedeutung gewonnen. Nach der frühen Rechtsprechung des Bayerischen Verfassungsgerichtshofs sollte der Grundsatz der geheimen Wahl für die Wahlvorbereitung nicht gelten[9]. Diese Ansicht wurde jedoch später unter dem Eindruck der Rechtsprechung des Bundesverfassungsgerichts ausdrücklich aufgegeben[10].

2. Die Geltungsgrundlagen der Wahlrechtsgrundsätze im Kommunalwahlrecht

Will man die Wahlrechtsgrundsätze nicht gleich als ungeschriebenes Verfassungsrecht[11] oder allgemeine Rechtsprinzipien[12] mit universeller Geltung

---

[8] S. nur BVerfGE 12, 10 (25)* m.w.N. – Kommunalrecht; BVerfGE 60, 162 (167)* m.w.N. – Personalvertretung; 71, 81 (94)* – Arbeitnehmerkammern; auch BVerfGE 41, 399 (413)* – Bundestag; ferner z.B. HessStGH, ESVGH 12 II, 13 (17); WPG, OVGE Bln. 13, 244 (260 f.)* m.w.N.

[9] BayVerfGH 3, 115 (125)*.

[10] BayVerfGH 13, 1 (9)*.

[11] So aber BVerfGE 60, 162 (167)* – Personalvertretung – hinsichtlich Allgemeinheit und Gleichheit der Wahl sowie bereits BVerfGE 6, 84 (91 und Ls. 1) – Bundes-

betrachten, so bedürfen sie im Kommunalwahlrecht einer spezifischen Geltungsgrundlage — wie sie z.B. Art. 38 I GG für die Bundestagswahlen bildet oder Art. 14 I BayVerf für die Wahlen zum bayerischen Landtag.

a) Landesrecht

Die Gemeindeordnungen und / oder Kommunalwahlgesetze der Länder schreiben fast ausnahmslos selbst vor, daß die Vertretungskörperschaften in allgemeiner, gleicher, unmittelbarer, freier und geheimer Wahl zu wählen sind[13]. Ebenso garantieren die meisten[14] Landesverfassungen die genannten Wahlrechtsgrundsätze im kommunalen Bereich, teils in einer eigenen Vorschrift, teils mit Hilfe einer Verweisung[15]. In Bayern wird den Wahlrechtsgrundsätzen des Art. 14 I BayVerf sowohl für die Landtags- als auch für die Kommunalwahlen Grundrechtsqualität zugesprochen, sie können also auf jedermanns Antrag im Wege der Popularklage (Art. 98 S. 4 BayVerf, Art. 2 Nr. 7, 55 BayVerfGHG) überprüft werden[16].

b) Art. 28 I 2 GG in „objektiven" Verfahren

Die Geltung der Wahlrechtsgrundsätze ergibt sich freilich auch bundesverfassungsrechtlich aus Art. 28 I 2 GG: In den Ländern, Kreisen und Gemeinden muß das Volk eine Vertretung haben, die aus allgemeinen, unmittelbaren, freien, gleichen und geheimen Wahlen hervorgegangen ist. Art. 28 I 2 GG gilt jedoch nur im Verhältnis von Bund und Ländern[17], er verleiht hingegen nicht dem Landesbürger ein subjektives Recht[18].

---

tag / Sperrklausel / Bayernpartei für die Wahlgleichheit („selbstverständlicher ungeschriebener Verfassungsgrundsatz in allen Bereichen und für alle Personengemeinschaften").

[12] BVerfGE 47, 253 (276 f. m.w.N. und Ls. 3) – Bezirksverfassung Nordrhein-Westfalen –: sie gälten „für Wahlen zu allen Volksvertretungen im staatlichen und kommunalen Bereich"; HessStGH, ESVGH 44, 13 (17) – Personalvertretung / Geschlechterproporz.

[13] S. die Zusammenstellung Anhang B unter 1.

[14] Anders *Hessen*, wo folglich Allgemeinheit und Gleichheit der Wahl allein über den allgemeinen Gleichheitssatz des Art. 1 HessVerf gelten (HessStGH, ESVGH 31, 161 [166] m.w.N.; 44, 77 [Ls. 6]). Auch in *Nordrhein-Westfalen* fehlt die Garantie in der Landesverfassung, so daß die Rspr. unmittelbar auf Art. 28 I 2 GG zurückgreift (z.B. OVG Münster, OVGE 36, 87 [90]).

[15] S. die Zusammenstellung in Anhang B unter 1.

[16] BayVerfGH 5, 66 (73)*; 6, 65 (69)*; 13, 1 (4 f.)*.

[17] Nach der Formulierung in BVerfGE 6, 104 (111)* – Kommunalwahl – gilt er nicht *in* den Ländern, sondern *für* die Länder.

[18] BVerfGE 1, 208 (236) – Landtag / Sperrklausel / Südschleswigscher Wählerverband; 3, 383 (390 f.)* – Landtag.

Prozessual folgt daraus, daß eine Verletzung des Art. 28 I 2 GG nur in den „objektiven" Verfahren der abstrakten oder konkreten Normenkontrolle[19] sowie möglicherweise im Organstreitverfahren (Landesverfassungsstreit)[20] überprüft werden kann. Nicht zu prüfen ist Art. 28 I 2 GG hingegen bei Verfassungsbeschwerden von aktiv oder passiv Wahlberechtigten[21]. Diese können zwar bei der Wahl zum Bundestag die Verletzung der Wahlrechtsgrundsätze des Art. 38 I GG rügen, denn Art. 93 I Nr. 4a GG nennt neben den Grundrechten auch diese Vorschrift. Ebenso kann u.U. auf Landesebene eine entsprechende Norm der Landesverfassung gerügt werden — sei es bei der Wahl zum Landesparlament oder auch bei der Kommunalwahl. Das Grundgesetz als Bundesverfassung enthält jedoch in Art. 28 I 2 GG weder im Hinblick auf die Landtags- noch auf die Kommunalwahlen eine Garantie der fünf Wahlgrundsätze, die individuellen Rechtsschutz verbürgte. Dies hat jedoch weniger einschneidende Konsequenzen, als man zunächst vermuten könnte, denn das Bundesverfassungsgericht greift in Verfassungsbeschwerdeverfahren auf Art. 3 GG zurück und von dorther auf die einzelnen Wahlrechtsgrundsätze zu.

c) Art. 3 I GG im Verfassungsbeschwerdeverfahren

Die Geltung der Wahlrechtsgrundsätze über Art. 3 I GG wurde zunächst anhand von Parlamentswahlen entwickelt[22], später aber ohne Bedenken auf das Kommunalwahlrecht, insbesondere das Wahlvorschlagsrecht, übertragen[23]. Bemerkenswert ist, daß in der Frage, *welcher* der Grundsätze zur Anwendung kommt, eine gewisse Großzügigkeit waltet.

---

[19] Z.B. BVerfGE 6, 104 (111)* – Kommunalwahl / abstrakte Normenkontrolle.

[20] BVerfGE 4, 375 (382)* – Landtag – läßt offen, auf welcher Grundlage der „Satz von der Wahlrechtsgleichheit" geprüft wird. — Nimmt man an, politische Parteien könnten eine Verletzung der Wahlrechtsgrundsätze auch im Kommunalrecht nur via Organstreitverfahren rügen (s. Anhang A I 2 c, i), so könnten sie zum *BVerfG* nur subsidiär gelangen (Art. 93 I Nr. 4 GG; s.u. V). In diesem Verfahren hätte das Gericht *ausschließlich* die Landesverfassung zu prüfen (BVerfGE 27, 240 [244]; anders *Umbach*, in: *Umbach / Clemens*, BVerfGG, 1992, § 71 RN 41: „grundsätzlich"). Würde diese freilich gegen Art. 28 I 2 GG verstoßen, so muß auch das Grundgesetz angewendet werden dürfen (vgl. *Benda / Klein*, Lehrbuch des Verfassungsprozeßrechts, 1991, RN 1053 mit FN 44, aber auch *Pieroth*, in: *Jarass / Pieroth*, Grundgesetz, 3. Aufl. 1995, Art. 93 RN 35 i.V.m. Art. 28 RN 1). Denn wenn die Gerichte der Länder in *ihren* Verfahren auf Art. 28 GG zurückgreifen dürfen (s.o. FN 14; OVG Lüneburg, OVGE 2, 187 (190, 195)*; auch WPG, OVGE Bln. 13, 244 [250]*), dann muß das *BVerfG* dies ebenso dürfen, wenn es *statt* ihrer – also nicht etwa als „Berufungsinstanz gegenüber den Landesverfassungsgerichten" (vgl. *Friesenhahn*, FS 25 Jahre BVerfG, 1976, S. 786) – tätig wird.

[21] BVerfGE 3, 383 (390 f.)* – Landtagswahl; BVerfGE 6, 376 (383 und Ls. 2)* – Kommunalwahl (beides zum passiven Wahlrecht).

[22] BVerfGE 1, 208 (237) – Landtag / Sperrklausel; 3, 383 (390 f.)* – Landtag.

[23] BVerfGE 6, 121 (129 f.)*; 11, 266 (271 f.)*; 11, 351 (360)*; 12, 10 (25)*.

Am häufigsten, weil auf den ersten Blick unmittelbar einleuchtend, kommt über Art. 3 I GG der Grundsatz der Wahl*gleichheit* zur Anwendung: Weil dieser ein Anwendungsfall des allgemeinen Gleichheitssatzes sei, werde bei seiner Verletzung stets „zugleich auch" Art. 3 GG verletzt[24]. Das Bundesverfassungsgericht hat jedoch über Art. 3 I GG auch das Prinzip der *Freiheit* der Wahl herangezogen[25]. Häufig wird in einem Atemzug mit dem Grundsatz der Gleichheit der Grundsatz der *Allgemeinheit* der Wahl genannt, gelegentlich ergänzt um das ebenfalls aus Art. 3 GG folgende Gebot der Chancengleichheit aller Bewerber[26]; insbesondere soll ein Unterschriftenquorum sowohl die Allgemeinheit als auch die Gleichheit der Wahl einschränken und dadurch, wenn es sich nicht rechtfertigen läßt, Art. 3 GG verletzen können[27]. Schließlich hat das Bundesverfassungsgericht auch in Verfassungsbeschwerdeverfahren, die nur auf Art. 3 GG (nicht also auf Art. 38 GG) gestützt werden konnten, den Grundsatz der *geheimen* Wahl zur Prüfung herangezogen[28], obwohl Art. 3 GG über ein Recht auf Geheimhaltung nichts sagt.

---

[24] Erstmals BVerfGE 1, 208 (237, 242) – Landtag / Sperrklausel; 3, 383 (391)* – Landtag / Quoren. Für Kommunalwahlen: BVerfGE 11, 266 (271)*; 11, 352 (360)*; 12, 10 (25)*; s.a. 12, 33 (36)*; 12, 135 (136)*. Zusammenfassend z.B. BVerfGE 34, 81 (98) m.w.N. – Landtag Rheinland-Pfalz / Sperrklausel. — Praktisch bedeutsam ist das Argument in Hessen, s. HessStGH, ESVGH 31, 161 (166) m.w.N. und oben FN 14. Es wird aber auch dann angebracht, wenn es gar nicht nötig wäre, z.B. wegen der Anwendbarkeit des Art. 38 GG (BVerfGE 6, 84 [91]; 41, 399 [413]* – Bundestag). — Das Argument geht offenbar zurück auf *Leibholz*, damals Richter im Zweiten Senat des BVerfG (vgl. *Leibholz*, Sperrklauseln und Unterschriftenquoren nach dem Bonner Grundgesetz [1954], in: ders., Strukturprobleme der modernen Demokratie, 3. Aufl. 1967, S. 40 [43 f.]). Es ist freilich nicht zwingend. Denn wenn *bundes*verfassungsrechtlich ein spezielles *subjektives* Recht auf Einhaltung der Wahlrechtsgrundsätze im Landes- und Kommunalrecht fehlt, könnte eine „planmäßige" Lücke vorliegen (zum Begriff *Engisch*, Einführung in das juristische Denken, 7. Aufl. 1977, S. 141 f.; dazu *Maschke*, Gerechtigkeit durch Methode, 1993, S. 161). Diese könnte, gewissermaßen als lex specialis negativa, die Wirkung des Art. 3 GG, als der lex generalis, sperren. Für diese Auslegung könnte zudem sprechen, daß die „Lücke" gerade den Bereich offenhält, in dem die Länder eigenverantwortlich die subjektiven Rechte ihrer Staatsbürger auszugestalten haben. Die Anwendung des Art. 3 GG zur Auffüllung dieser „Lücke" wird dann zum Kompetenzproblem. — Sehr krit. zur Konstruktion des BVerfG auch *Frowein*, AöR 99 (1974), 72 (81–84); für Spezialität des Art. 38 GG auch *von Münch*, in: *von Münch / Kunig*, GG-Kommentar, Bd. II, 3. Aufl. 1995, RN 48; *Pieroth*, in: *Jarass / Pieroth* (FN 20), RN 9.

[25] BVerfGE 3, 383 (392 f.)* – Landtag; 71, 81 (100)* – Arbeitnehmerkammern.

[26] Z.B. BVerfGE 11, 266 (271)* – Kommunalwahl; differenzierend BVerfGE 60, 162 (167 f.)* – Personalvertretung; 71, 81 (94)* – Arbeitnehmerkammern.

[27] Z.B. BVerfGE 60, 162 (167 ff.)* m.w.N. – Personalvertretung.

[28] Kommunalwahlen: BVerfGE 6, 121 (131)*, wo allerdings ausdrücklich dahingestellt wurde, ob der Bf. diesen Grundsatz überhaupt geltend machen könne; 12, 33 (36)*; 12, 135 (139)*. — Auch in BVerfGE 3, 383 (406, 396)* – Landtag – war die Anwendbarkeit des Grundsatzes noch dahingestellt worden.

Dieser Rechtsprechung ist im Ergebnis grundsätzlich zuzustimmen: Der allgemeine Gleichheitssatz des Art. 3 GG muß, was das Wahlrecht betrifft, nicht nur den Grundsatz der Wahlgleichheit i.e.S. umfassen, sondern auch die Grundsätze der Allgemeinheit und, zumindest teilweise, der Geheimheit und der Freiheit der Wahl. Der Grundsatz der *gleichen* Wahl bezieht sich, recht besehen[29], nur auf den gleichen Zählwert und, bei Verhältniswahl, den gleichen Erfolgswert der einmal abgegebenen Stimmen[30]. Der gleiche Zugang zur Wahl – und damit das Wahlvorschlagsrecht – ist hingegen durch den Grundsatz der *allgemeinen* Wahl gewährleistet[31]. Und zumindest insoweit, als der gleiche Zugang zur Wahl dadurch beeinträchtigt wird, daß manchen Bewerbern (bzw. ihren Wählern) zugemutet wird, ihre Anhängerschaft (bzw. Wahlabsicht) zu offenbaren, anderen Bewerbern (bzw. deren Wählern) aber nicht, muß auch der Grundsatz der *geheimen* Wahl über Art. 3 GG Gegenstand der Verfassungsbeschwerde sein können[32]. Ebenso erscheint schließlich eine Verletzung des Art. 3 GG i.V.m. dem Grundsatz der *freien* Wahl[33] nicht gänzlich ausgeschlossen: Die Pflicht, seine ernsthafte Wahlabsicht zu offenbaren, kann als Zwang empfunden werden[34], der auf eine bestimmte Wahlentscheidung

---

[29] Zum folgenden *Henke*, Das Recht der politischen Parteien, 2. Aufl. 1972, S. 207 ff.; demnach betreffen *Unterschriftenquoren* die Allgemeinheit und nur *Sperrklauseln* die Gleichheit der Wahl. — Die h.M. ordnet Unterschriftenquoren eher dem Grundsatz der Wahlgleichheit zu, so *Stern*, Staatsrecht I, 2. Aufl. 1984, S. 309; *Hans Meyer*, in: HdbStR II (1987), § 38 RN 10 a.E., 37–39; *Badura*, in: BK, Anh. z. Art. 38 (1987), RN 14 (der freilich die Allgemeinheit als spezifische Folgerung der Gleichheit ansieht, RN 8); *Stober*, Kommunalrecht, 2. Aufl. 1992, S. 90; im Schwerpunkt auch *Maunz*, in: *Maunz/Dürig*, GG, Stand 1976, Art. 38 RN 42, 53; *H.-P. Schneider*, in: AK-GG, 1984, Art. 38 RN 44, 50; *Achterberg/Schulte*, in: *von Mangoldt/Klein*, GG, 3. Aufl. 1991, Art. 38 RN 121, 144–146; *von Münch*, in: *von Münch/Kunig* (FN 24), Art. 38 RN 21, 53. — Ohne Stellungnahme insoweit *Maunz/Zippelius*, Deutsches Staatsrecht, 29. Aufl. 1994, § 31 I 1, II 1 a.E.; *Hesse*, Grundzüge des Verfassungsrechts, 20. Aufl. 1995, RN 146.

[30] BVerfGE 1, 208 (244 f.) – Landtag/Sperrklausel; 6, 104 (111)* – Kommunalwahl/Sperrklausel; s.a. bereits StGH, in: *Lammers/Simons*, Die Rechtsprechung des Staatsgerichtshofs für das Deutsche Reich etc., Bd. I (1929), S. 398 (405); Bd. IV (1932), S. 131 (136).

[31] So insb. *Henke* (FN 29); ferner BVerfGE 60, 162 (168)* – Personalvertretung –, gerade im Hinblick auf Unterschriftenquoren; wohl auch WPG, OVGE Bln. 13, 244 (260)*; a.A. BVerfGE 3, 19 (31)* – Bundestag. — Auch BayVerfGH 3, 115 (124 f.)* zählt Zugangsbeschränkungen als solche zum Grundsatz der Allgemeinheit der Wahl, mißt dann aber die Befreiung etablierter Gruppen vom Unterschriftenquorum am Grundsatz der Wahlgleichheit. — S. auch StGH, in: *Lammers/Simons* (FN 30) I, 398 (407 f.).

[32] Vgl. BVerfGE 3, 383 (406)* – Landtag: Durch Verletzung des Wahlgeheimnisses könne „indirekt die Chancengleichheit der Parteien verletzt werden".

[33] Zu seinem Inhalt *Maunz/Zippelius* (FN 29), § 31 I 1 c; *Hesse* (FN 29), RN 146.

[34] Insbesondere wenn die Unterschrift beim Wahlleiter zu leisten ist, wird ein „psychologisches Unbehagen" ausgelöst, das nach *Lintz* (Die politischen Parteien im Bereich der kommunalen Selbstverwaltung, 1973, S. 164) „in hervorragender Weise dem legitimen Zweck dient, nicht ernst gemeinte Wahlvorschläge zu verhindern" (ebenso bereits, jedoch

hinwirkt, nämlich einen Wahlvorschlag nicht zu unterstützen — und das ist dann gleichheitswidrig, wenn diese Pflicht nur die Unterstützer bestimmter Wahlvorschläge trifft.

d) Verschiedene Geltungsgrundlagen — verschiedene Prüfungsmaßstäbe?

Angesichts der Vielzahl von Geltungsgrundlagen der Wahlrechtsgrundsätze im Kommunalrecht stellt sich die Frage, ob es materiellrechtlich einen Unterschied macht, wenn an unterschiedliche Geltungsgrundlagen angeknüpft wird. Das Problem besteht vor allem im Hinblick auf den allgemeinen Gleichheitssatz. Während nämlich der Grundsatz der Wahlrechtsgleichheit streng formal zu verstehen ist und nur aus zwingenden Gründen eingeschränkt werden darf (s. sogleich unter 3 a), wird im Rahmen des Art. 3 GG jedenfalls nach der „alten Formel" nur geprüft, ob ein Verstoß gegen das Willkürverbot vorliegt oder ob sachliche Gründe für eine Differenzierung schlicht nicht zu finden sind[35]. Muß also in Verfahren, die sich nur auf den allgemeinen Gleichheitssatz stützen lassen, der Prüfungsmaßstab gelockert werden? Oder allgemeiner: Gelten je nach Geltungsgrundlage verschiedene Prüfungsmaßstäbe?

Die Fragen sind zu verneinen. In der Rechtsprechung des Bundesverfassungsgerichts spielt mittlerweile die jeweilige Geltungsgrundlage für den Inhalt der Wahlrechtsgrundsätze keinerlei Rolle mehr[36]. Es ist also in der Sache stets derselbe „dogmatische Kanon"[37] anzuwenden, gleich ob nun Art. 3 I,

---

mit kritischem Unterton, *Grundmann*, Die Rathausparteien, 1960, S. 79). Der Grundsatz der Wahlfreiheit verbietet aber auch „seelische Nötigungen" (so *W. Jellinek*, AöR 54 [1928], 99 [115], im Hinblick auf die Hinterlegung verfallbarer Geldbeträge [s.u. bei FN 96]).

[35] Seit BVerfGE 55, 72 (88) ist als sog. „neue Formel" hinzugekommen, daß „Unterschiede von solcher Art und solchem Gewicht bestehen" müßten, „daß sie die ungleiche Behandlung rechtfertigen" könnten. Spätestens seitdem gibt es im Rahmen des Art. 3 I GG eine abgestufte Kontrolldichte, „die vom bloßen Willkürverbot bis zu einer strengen Bindung an Verhältnismäßigkeitserfordernisse reicht" (BVerfGE 91, 389 [401]). — Zum Verhältnis der Formeln zueinander *Huster*, JZ 1994, 541; *Schoch*, DVBl. 1988, 863 (875 ff.); *Hesse* (FN 29), RN 438–440. *Maunz/Zippelius* (FN 29), § 25, integriert die alte Formel, unter Vermeidung des Willkürverbots, in die Verhältnismäßigkeitsprüfung (s.a. *Zippelius*, VVDStRL 47 [1989], 7 [23 f.]); s.a. unten II 3. — Zum Verhältnis von Wahlgleichheit und allgemeinem Gleichheitssatz ferner, bezogen auf Sperrklauseln, BVerfGE 1, 208 (247) — offenbar unter dem Einfluß von *Leibholz* (s. *dens.* [FN 24], S. 43 ff).

[36] In BVerfGE 6, 121 (130)* wurde noch allein nach den Maßstäben des allgemeinen Gleichheitssatzes geprüft (nicht Gleiches ungleich, nicht unsachgemäß); streng aber bereits BVerfGE 11, 266 (272)*. Danach hat sich das BVerfG nur einmal ganz auf den allgemeinen Gleichheitssatz in seiner alten Fassung zurückgezogen: BVerfGE 41, 1 (13 f.) – Richterliche Präsidialräte.

[37] *Frowein*, AöR 99 (1974), 72 (80).

Art. 28 I 2 oder auch 38 I GG der Aufhänger ist[38]. Der Bayerische Verfassungsgerichtshof hat zwar in einer frühen Entscheidung zum Parlamentswahlrecht noch säuberlich unterschieden zwischen den Maßstäben des Art. 118 I BayVerf (allgemeiner Gleichheitssatz) und denen des Art. 14 I BayVerf (Wahlrechtsgrundsätze, u.a. Wahlgleichheit)[39], und er hat auch in späteren Entscheidungen den Unterschied nicht übersehen[40]. Praktisch hat das jedoch wenig Bedeutung, weil auch Art. 14 I BayVerf als rügefähiges Grundrecht gilt (s.o. a).

Auch im Hinblick darauf, ob sich die Geltungsgrundlage der Wahlrechtsgrundsätze im Grundgesetz oder im Landes(verfassungs)recht findet, lassen sich praktische Unterschiede nicht feststellen. Die Gerichte und Verfassungsgerichtshöfe der Länder haben insoweit die Rechtsprechung des Bundesverfassungsgerichts ohne Einschränkung rezipiert[41]; allenfalls in der Anwendung mögen gewisse Unterschiede bestehen.

e) Zusammenfassung

Für die Beurteilung von Zulassungsbeschränkungen bei Kommunalwahlen gelten die Grundsätze der Allgemeinheit, Gleichheit, Geheimheit und Freiheit der Wahl. Für den Prüfungsumfang ist es dabei unerheblich, auf welche Geltungsgrundlage sie gestützt werden und in welcher Verfahrensart sie folglich zur Anwendung kommen.

3. Die Wahlrechtsgrundsätze im einzelnen

Für den doppelten Sonderfall des Rechts der kommunalen Wahlvorschläge (s.o. unter I) haben die einzelnen Wahlrechtsgrundsätze im wesentlichen folgende Bedeutung:

---

[38] Zur Rede von ungeschriebenem Verfassungsrecht und allgemeinen Rechtsgrundsätzen s.o. FN 11 und 12.

[39] BayVerfGH 3, 115 (121)* – zu Art. 118 – und (124 ff.)* – zu Art. 14 BayVerf. Auch OVG Lüneburg, OVGE 2, 187 (190 f.)* unterscheidet noch genau zwischen der Wahlrechtsgleichheit des Art. 28 GG (sub 1) und dem Gleichheitssatz aus Art. 3 GG (sub 2).

[40] BayVerfGH 5, 66 (73)*; 28, 222 (241).

[41] S. etwa die Zusammenfassung in BayVerfGH 31, 17 (28) – Kommunalwahl / Gebietsreform; BayVerfGH 37, 19 (23) – Kommunalwahl / Reihenfolge der Wahlvorschläge; OVG MV, DÖV 1995, 293*. Ferner z.B. NdsStGH 1, 335 (348 f.) – Kommunalwahl / d'Hondt oder Hare; BremStGH 1, 205 (212 ff.); 4, 111 (123 f.) – Sperrklauseln in Bremen und Bremerhaven; OVG Münster, OVGE 36, 93 (95) – Wahlbezirkseinteilung; OVG RhPf, AS 7, 179 (181 f.) – Wahlvorschläge / Blankounterschriften. Weitere Nachweise auch in den folgenden Anmerkungen.

a) Wahlgleichheit

In der Sache ist der Grundsatz der gleichen Wahl streng „formal“ oder „formalisiert“ zu verstehen[42]: Jeder soll sein Wahlrecht „in formal möglichst gleicher Weise“[43] ausüben können. Das gilt nicht nicht nur für das aktive, sondern auch für das passive Wahlrecht, so daß sowohl Wähler als auch Wahlbewerber eine Verletzung des Grundsatzes rügen können[44]. Beschränkungen sind nur aus *besonderen* rechtfertigenden, zwingenden Gründen möglich[45].

Bei der Anwendung des Grundsatzes der Wahlrechtsgleichheit und / oder -allgemeinheit orientiert sich das Bundesverfassungsgericht auch an dem jeweiligen Sachbereich („Natur des Sachbereichs“[46]). Im Kommunalwahlrecht führt das bemerkenswerterweise dazu, daß sogar im Rahmen der Verfassungsbeschwerde die objektiv-rechtliche Garantie der kommunalen Selbstver-

---

[42] Kommunalwahlen: BVerfGE 12, 10 (25)* und sogleich FN 43; auch BayVerfGH 5, 66 (73)* – Sperrklausel („formale [schematische] Gleichheit“). — Für Parlamentswahlen BVerfGE 4, 375 (382 f.)*; 34, 81 (98) – Landtag Rheinland-Pfalz / Sperrklauseln; für sonstige Wahlen BVerfGE 60, 162 (167)*, 71, 81 (94)*, dort jeweils erstreckt auf die Allgemeinheit der Wahl. — Zusammenfassend BVerfGE 14, 121 (135) – Wahlkampf / Sendezeiten; 24, 300 (340 f.) – Wahlkampfkosten. — Damit wurde die Rspr. des StGH für das Deutsche Reich fortgeführt, s. z.B. StGH, in: *Lammers / Simons* (FN 30) I, 398 (406); IV, 131 (136).

[43] BVerfGE 11, 266 (272)*; 11, 351 (361)* – Kommunalwahl; für das Parlamentsrecht z.B. BVerfGE 41, 399 (413)*.

[44] Kommunalwahlen: BVerfGE 11, 266 (272)*; 11, 351 (364)*; 12, 10 (22, 25)*; s.a. 6, 121 (128 f.)*. — Für sonstige Wahlen BVerfGE 60, 162 (167)*; 71, 81 (94)*; für Parlamentswahlen z.B. BVerfGE 41, 399 (413)*. — Hinsichtlich Sperrklauseln bei Landtagswahlen bereits BVerfGE 1, 208 (237) – Südschleswigscher Wählerbund; ferner etwa WPG, OVGE Bln. 13, 244 (260)*; VGH BW, ESVGH 42, 161 (165) m.w.N.

[45] St. Rspr.; Kommunalwahlen: BVerfGE 11, 266 (272)*; 11, 351 (361)*; 12, 10 (25)*; Parlamentswahlen: BVerfGE 4, 375 (383)*; sonstige Wahlen: BVerfGE 30, 227 (246)*; 60, 162 (171)*; vgl. auch 71, 81 (95, 96, 98 ff.)*. — Das Kriterium des „zwingenden Grundes“ auch bereits in BVerfGE 1, 208 (249) – Bundestag / Sperrklausel – unter Rückgriff auf BayVerfGH 5, 66 (75 ff.)*. Im Hinblick auf Sperrklauseln ferner BVerfGE 34, 81 (99) – Landtag; BVerfGE 13, 243 (247) – Kommunalwahlen. — Differenzierend BayVerfGH 5, 66 (74)*: Die Einschränkung müsse notwendig sein, „weil sonst 1. ein einwandfreier Ablauf des Wahlgeschäftes oder der Wahlfeststellung gefährdet würde oder 2. die Gefahr besteht, daß andere verfassungsmäßig gewährleistete Staatseinrichtungen oder -tätigkeiten lahmgelegt würden“. — Zur Wahlkampfkostenerstattung BVerfGE 24, 300 (341); 41, 399 (413)* – Bundestag.

[46] Die Formulierung erstmals, im Hinblick auf den „Sachbereich der Wahlen“, in BVerfGE 6, 84 (91 und Ls. 2) – Bundestag; BVerfGE 11, 266 (272)* – Kommunalwahl. Eine gewisse Bedeutungsverschiebung im Hinblick auf den Sachbereich der *jeweiligen* Wahlen schon bei *Rinck*, JZ 1961, 73 (75), sodann in BVerfGE 60, 162 (168)* – Personalvertretung; 71, 81 (96)* – Arbeitnehmerkammern; HessStGH, ESVGH 44, 13 (17 ff.) – Personalvertretung.

waltung (Art. 28 II GG) Beachtung findet[47], obwohl diese den Gemeindebürgern nicht ohne weiteres ein subjektives Recht verleiht[48].

b) Wahlgeheimnis

Der Grundsatz der geheimen Wahl spielt in der Rechtsprechung des Bundesverfassungsgerichts zum Wahlrecht im allgemeinen eine eher untergeordnete Rolle[49]. Anders im Bereich der Wahlvorschläge: Wenn hier Unterschriftenquoren beigebracht werden müssen, sind die Unterstützer gezwungen, vor der Wahl offenzulegen, mit welcher Partei, welcher Wählergruppe oder welchem Einzelbewerber sie zumindest sympathisieren.

Entgegen der frühen Rechtsprechung des Bayerischen Verfassungsgerichtshofes hat das Bundesverfassungsgericht den Grundsatz der geheimen Wahl auch im Hinblick auf Wahlvorbereitungen, insbesondere Wahlvorschläge, für anwendbar gehalten[50]; die übrige Rechtsprechung ist dem gefolgt. Der Grundsatz gilt insoweit allerdings nur eingeschränkt, denn die Wahlbehörde muß – zur Verhinderung von Manipulationen wie zum Schutz der Unterstützer[51] – „die Möglichkeit haben, die Echtheit der Unterschriften und die Wahlberechtigung der Unterzeichner zu prüfen"[52]. Beschränkungen dürfen freilich nicht weiter reichen, als „zur ordnungsgemäßen Durchführung der Wahl notwendig ist"[53], der Gesetzgeber muß für sie also „besondere Gründe" haben[54].

c) Allgemeinheit der Wahl

Nach der hier vertretenen Auffassung gehört die Frage des Zugangs zur Wahl – und damit auch der Zugangsbeschränkungen – besser zum Grundsatz der *Allgemeinheit*, nicht zu dem der Gleichheit der Wahl (s.o. I 2 c). Das gilt

---

[47] BVerfGE 11, 266 (273 ff.)*; 11, 351 (361, 363 f., 365)*; 12, 10 (25)*.

[48] Zust. *Maunz*, in: *Maunz/Dürig*, GG, Stand 1977, Art. 28 RN 58; *Stern*, in: BK, Zweitbearbeitung 1964, Art. 28 RN 193.

[49] Zur Briefwahl BVerfGE 21, 200 (205 ff.); 59, 119 (124 ff.).

[50] S.o. FN 9, 10 und 28; für Parlamentswahlen BVerfGE 4, 375 (386 f.)*; 5, 77 (82)*. Wie das BVerfG schon der StGH, in: *Lammers/Simons* (FN 30) I, 398 (409).

[51] BVerfGE 12, 10 (30)* – Kommunalwahl.

[52] BVerfGE 12, 33 (36)* – Kommunalwahl – mit Hinweis auf BVerfGE 3, 19 (32)* – Bundestag und 4, 375 (386 f.)* – Landtag Baden-Württemberg; zur Kommunalwahl auch BVerfGE 12, 135 (139)*. Für Landtagswahlen ferner BVerfGE 3, 383 (396)*; 12, 132 (134)*.

[53] BVerfGE 5, 77 (82)* – Bundestag; WPG, OVGE Bln. 14, 269 (272)*; in der Sache ebenso BVerfGE 12, 135 (139)* – Kommunalwahl.

[54] BVerfGE 4, 375 (387)* – Landtag.

sowohl für das aktive als auch für das passive Wahlrecht. Praktische Konsequenzen hat diese Qualifizierung allerdings kaum, weil die Rechtsprechung, wie erwähnt, beide Grundsätze gewöhnlich implizit oder explizit in eins setzt. Es ist insbesondere nicht ersichtlich und wäre auch kaum zu rechtfertigen, daß der Grundsatz der Allgemeinheit weniger „streng formal" verstanden werden müßte als der Grundsatz der Wahlgleichheit[55].

d) Freiheit der Wahl

Der Grundsatz der *freien* Wahl ist für den hier interessierenden Bereich am wenigsten einschlägig[56]. Er wurde denn auch, wie erwähnt, vom Bundesverfassungsgericht kaum einmal herangezogen[57]. Im folgenden mag er deshalb außer Betracht bleiben.

---

[55] Ähnlich BVerfGE 60, 162 (167 f.)*; 71, 81 (94)* – sonstige Wahlen; WPG, OVGE Bln. 13, 244 (260)*. Die Anwendung nur des allgemeinen Gleichheitssatzes bei Einschränkungen der Allgemeinheit der Wahl befürwortet ohne Begründung *Henke* (FN 29), S. 208, 209. Ohne Begründung auch *Stern* (FN 29), S. 304 und *von Münch*, in: *von Münch/Kunig* (FN 24), Art. 38 RN 7: „Zwingender Grund ist dabei als anerkennenswerter wichtiger Grund zu verstehen."

[56] Nach *Henke* (FN 29), S. 211, wirft er im Bereich der Wahlvorschläge sogar überhaupt keine rechtlichen Probleme auf; s.a. bereits StGH, in: *Lammers/Simons* (FN 30) I, 398 (410).

[57] S.o. FN 25, ferner die auf Art. 38 GG gestützte Verfassungsbeschwerde BVerfGE 41, 399 (417 und Ls. 1)*; s.a. OVG MV, DÖV 1995, 293* (vor aa).

II. Die Einschränkbarkeit der Wahlrechtsgrundsätze

Schon bei Erörterung der Wahlrechtsgleichheit und des Wahlgeheimnisses (soeben I 3 a, b) wurde darauf hingewiesen, daß diese Grundsätze nur unter strengen Voraussetzungen eingeschränkt werden dürfen. Darüber hinaus gilt für die Beschränkbarkeit der Wahlrechtsgrundsätze, insbesondere im kommunalen Bereich, folgendes:

1. Enger Spielraum des Gesetzgebers

Der Erste Senat des Bundesverfassungsgerichts hatte dem Gesetzgeber anfangs ausdrücklich einen *weiten* Spielraum „bei der Konkretisierung der verfassungskräftigen Wahlgrundsätze" zugestanden[58]. Diese Formel wurde, soweit ersichtlich, letztmals im Jahre 1956 verwendet[59]. Seit dem Übergang der Zuständigkeit auf den Zweiten Senat[60] ist es hingegen ständige Rechtsprechung, daß „die Freiheit des Gesetzgebers auf dem Gebiet des Wahlrechts eingeengt" ist[61], daß er nur einen „*engen* Spielraum"[62] habe.

Ob dieser Wechsel in der Formulierung einen großen praktischen Unterschied gemacht hat, ist schwer zu beurteilen. So hatte BVerfGE 3, 19* – Bundestag – gemeint, die Grenze des *weiten* Spielraums sei überschritten, wenn der Gesetzgeber für die Wahlvorschläge neuer Parteien ein Quorum von 500 Unterschriften bei 140.000 Wahlberechtigten – das sind 0,35% – vorsehe. Demgegenüber setzte BVerfGE 4, 375* – Landtag –, unter Zugrundelegung eines *engen* Spielraums, die Höchstgrenze auf 0,25% fest. BVerfGE

[58] BVerfGE 3, 19 (24 und Ls. 2)* – Bundestag; 3, 383 (394)* – Landtag; konsequent wurde daher *damals* die Entscheidung des Gesetzgebers allein auf Willkürfreiheit überprüft (BVerfGE 3, 383 [398 ff., 401]*; auch 5, 77 [81]*). — Nach der Rspr. des StGH hatte der Gesetzgeber einen „gewissen Spielraum", dessen Überschreitung „nur bei offensichtlicher Willkür" beanstandet werden konnte, z.B. StGH, in: *Lammers/Simons* (FN 30) IV, 131 (S. 139 und Ls. 4).

[59] BVerfGE 5, 77 (81)* – Bundestag.

[60] BVerfGE 4, 27; s. Anhang A I 1 c.

[61] BVerfGE 4, 375 (382)* – Landtag Baden-Württemberg.

[62] BVerfGE 11, 266 (272)* – Kommunalwahl (Hervorh. d. Verf.); s.a. BVerfGE 6, 84 (94) mit Hinweis auf 1, 208 (249); 6, 104 (120)*; 11, 351 (361)*; 12, 10 (25)*; 12, 135 (138 f.)*; 41, 399 (413)* m. Hinw. auf BVerfGE 34, 81 (99); ferner BVerfGE 12, 132 (134: „begrenztes Ermessen")*; 60, 162 (168: „gewisser Spielraum", 170 f.: „besonders enge Grenzen des Ermessens")*. — Auch hier zeigt sich der Einfluß von *Leibholz* (s. *dens.* [FN 24], S. 47, auch 53).

5, 77* – Bundestag – hielt es wiederum innerhalb des *weiten* Spielraumes für vertretbar, Parteilosen das Quorum von 500 Unterschriften zuzumuten. Das sind keine grundsätzlich unvereinbaren Ergebnisse. Auf die beiden Entscheidungen, die verbal einen „weiten" Spielraum voraussetzen, wird in der späteren Rechtsprechung denn auch ohne weiteres zurückgegriffen — insbesondere ohne einen Hinweis auf den theoretisch großen Unterschied im Grundsätzlichen.

Die wichtigste *praktische* Konsequenz der Rede vom engen Spielraum liegt denn wohl in der Verteilung der *Argumentationslast*: Beschränkungen der Wahlrechtsgrundsätze sind nicht schon dann gerechtfertigt, wenn sich für sie irgendein sachlich einleuchtender Grund findet oder, negativ gewendet, wenn sie nicht willkürlich erscheinen. Sie bedürfen vielmehr einer *besonderen* Rechtfertigung[63] durch zwingende Gründe[64], wenn sie verfassungsmäßig sein sollen. Angesichts dieser Argumentationslastverteilung erscheint etwa die jüngste Entscheidung des Bayerischen Verfassungsgerichtshofs bedenklich: Zwar wird theoretisch vorangestellt, der Gesetzgeber habe im Wahlrecht nur einen engen Spielraum[65]. In der praktischen Durchführung wird dem Gesetzgeber jedoch eine „Gestaltungsfreiheit" zugestanden[66], die ihm Raum läßt für „typisierende Regelungen", und zwar auch dann, wenn diese in Randbereichen zu „Härten und Friktionen" führen[67]. Ferner hält der Verfassungsgerichtshof es durchgehend für eine ausreichende Rechtfertigung, wenn der Gesetzgeber „keine Willkür" hat walten lassen, wenn die von ihm getroffenene Regelung „nicht sachwidrig" und „nicht evident" unverhältnismäßig ist, wenn für sie (irgendein) „sachlicher Grund" angeführt werden kann[68]. Das sind Maßstäbe, die zum *allgemeinen* Gleichheitssatz und zur *allgemeinen* Frage der Justiziabilität legislativer Entscheidungen passen, und von dort hat

---

[63] S. nochmals BVerfGE 4, 375 (382 f., 387)* – Landtag (der erste Nachweis bezieht sich auf die Wahlrechts*gleichheit*, der zweite auf das Wahl*geheimnis*); im übrigen s.o. FN 45.

[64] S.o. FN 45.

[65] BayVerfGH v. 18.07.1995*, sub V 1 b a.E. = BayVBl. 1995, 625.

[66] BayVerfGH v. 18.07.1995*, sub V 2 d cc, V 2 f = BayVBl. 1995, 626 f.

[67] BayVerfGH v. 18.07.1995*, sub V 2 d cc = BayVBl. 1995, 626 f. Richtig dagegen WPG, OVGE Bln. 14, 262 (267 f.)*: Das Unterschriftenquorum muß auch im konkreten Einzelfall verfassungsmäßig sein. Mit Recht *Schoch*, DVBl. 1988, 863 (879): Das Argument der Typengerechtigkeit ist allzu oft eine „Beschönigung", mit der an sich unzulässige Benachteiligungen legitimiert werden.

[68] BayVerfGH v. 18.07.1995*, sub V 2 c = BayVBl. 1995, 625 f. (dort auch die weitere Formulierung „sachgerecht"); sub 2 d cc aaa = BayVBl. 1995, 627; sub 2 e, g = BayVBl. 1995, 627 f.; zu einer weiteren fehlerhaften Anwendung der Willkürformel im Bereich des strengen Gleichheitssatzes durch den BayVerfGH s. *von Arnim*, DÖV 1984, 85 (89).

der Bayerische Verfassungsgerichtshof sie auch genommen[69]. Zur *besonderen* Rechtfertigungslast des Gesetzgebers im Wahlrecht passen sie nicht.

Im übrigen hat die Rechtsprechung zur *Enge* des gesetzgeberischen Spielraumes weitere, konkretisierende Formeln entwickelt (s.a. bereits oben I 3 a und b). So gilt für das Recht der *Wahlvorschläge* allgemein: Weil Zulassungsbeschränkungen, z.B. durch Unterschriftenquoren, *vor* der Stimmabgabe der Wähler angewendet werden, müssen sie „in einem engen Rahmen bleiben, um der Wählerentscheidung möglichst wenig vorzugreifen"[70]. Insbesondere *Unterschriftenquoren* dürfen nicht so bemessen sein, daß sie die Ausübung des Wahlvorschlagsrechts „praktisch unmöglich" machen oder übermäßig erschweren[71].

2. Das Spannungsverhältnis zwischen Art. 21 und Art. 28 II GG

Für die Beurteilung von Beschränkungen des Wahlvorschlagsrechts hat das Bundesverfassungsgericht mehrfach auf einen weiteren Aspekt hingewiesen, der etwa in der jüngsten Entscheidung des Bayerischen Verfassungsgerichtshofs völlig übergangen wird[72]: nämlich auf die Gefahr, daß die etablierten Parteien versuchen könnten, sich mit Hilfe von Zulassungsbeschränkungen die mißliche Konkurrenz neuer Parteien oder Wählergruppen vom Leib zu halten. Derartige „Wahlrechtsprivilegien" ließen sich, so das Bundesverfas-

[69] BayVerfGH v. 18.07.1995* beruft sich unter V 2 d cc aaa = BayVBl. 1995, 627 auf *Meder*, Bayerische Verfassung, 4. Aufl. 1992, RN 11 *zu Art. 118* (allgemeiner Gleichheitssatz) und RN 5 Vorb. vor *Art. 60* (Stellung des Verfassungsgerichtshofes); *nicht* zitiert wird hingegen die Kommentierung *zu Art. 14 I 1* (Wahlrechtsgrundsätze). Interessant ist das deshalb, weil Art. 118 gar nicht geprüft wird, sondern nur, als lex specialis, Art. 14 I 1 (so explizit a.a.O. unter V 2 h = BayVBl. 1995, 628). Weshalb dann aber die Kriterien der lex generalis für die lex specialis maßgebend sein sollen, bleibt ungeklärt. — Die a.a.O. unter V 2 d cc aaa = BayVBl. 1995, 627 zitierten Entscheidungen beziehen sich entweder auf den *allgemeinen* Gleichheitssatz (BayVerfGH 40, 81 [84]; 45, 112 [115]; BVerfGE 17, 337 [354]; 44, 283 [288]; 77, 308 [338]; 82, 60 [101 f.]; 84, 348 [359 f.]), oder sie sind für das Wahlrecht nicht einschlägig (BayVerfGH 41, 97 [101]; 42, 72 [77]; BVerfGE 13, 21 [29]; 72, 302 [329]). Die Entscheidung BVerfGE 26, 265 [275 f.] hätte dem VerfGH zu denken geben sollen, ob die Benachteiligung kleiner Gemeinden wirklich ein vernachlässigbarer „Ausnahmefall" war. BayVerfGH 31, 17 (30, 33) betraf zwar das Wahlrecht, läßt sich aber nicht verallgemeinern, weil eine einmalige Situation (Gemeindegebietsreform) den besonderen rechtfertigenden Grund für die Einschränkung der Wahlrechtsgleichheit abgab.

[70] BVerfGE 3, 383 (394)* – Landtag; weitere Nachw. FN 170.

[71] BVerfGE 4, 375 (384)* – Landtag; weitere Nachw. FN 169.

[72] BayVerfGH v. 18.7.1995*, trotz entsprechender Argumentation der Ast. zu 1, 2 und 3 (sub II 1 c, 2 und 3 c [S. 8, 9, 14 der Entscheidung, in BayVBl. 1995, 624 nicht abgedruckt]). — Anders noch BayVerfGH 13, 1 (8 f.)*; s.a. 3, 115 (121)* mit Hinweis auf den StGH, in: *Lammers/Simons* (FN 30) I, 398 (407).

sungsgericht, nicht rechtfertigen, insbesondere nicht durch die „tatsächliche Entwicklung“ des Parteienwesens; vielmehr müßten auch etablierte Parteien immer wieder „in fairem Wettbewerb“ ihre Vormachtstellung neu behaupten[73].

Diese Rechtsprechung wurde anhand von Kommunalwahlen entwickelt[74] und später auf das Bundestagswahlrecht übertragen[75]. Der Grundgedanke ist folgender: Das Grundgesetz wolle keinen radikalen Parteienstaat, sondern habe als Gegengewicht zu Art. 21 GG teils das freie Abgeordnetenmandat aus Art. 38 I 2 GG, teils die kommunale Selbstverwaltung aus Art. 28 II GG gesetzt[76]. Gerade um der Selbstverwaltung willen dürften die kommunalen Wahlkörperschaften nicht ausschließlich den Parteien vorbehalten werden[77] und seien die örtlichen Wählervereinigungen den politischen Parteien gleichzustellen[78]. Die „am Staatsganzen ausgerichteten“ politischen Parteien seien nämlich „nicht selten geneigt, infolge der Verschränkung von Kommunal-, Landes- und Bundespolitik die Interessen der örtlichen Gemeinschaft den Zielsetzungen ihrer gesamtpolitischen Konzeption unterzuordnen“[79].

Im „Spannungsverhältnis“[80] zwischen Art. 21 und Art. 28 II GG, zwischen „Parteienstaat und Selbstverwaltung“[81], hat das Bundesverfassungsgericht also recht eindeutig und früh zugunsten der Selbstverwaltung Stellung bezogen. Gerade um ihretwillen hält es einen Schutz der nicht-„staatstragenden“ Parteien und Wählergruppen für geboten.

---

[73] BVerfGE 11, 351 (365)* – Kommunalwahl / „Listenprivileg“ – mit deutlicher Spitze gegen BVerfGE 6, 367 (373)* – Kommunalwahl / Organstreit; zusammenfassend *Rinck*, JZ 1961, 73 (75 ff.).

[74] BVerfGE 11, 266*; 11, 351*.

[75] BVerfGE 41, 399 (416 ff.)* – Wahlkampfkostenerstattung.

[76] BVerfGE 11, 266 (273)* – Kommunalwahl; zu Art. 38 GG auch BVerfGE 41, 399 (416)* – Bundestag.

[77] BVerfGE 11, 266 (276)*.

[78] BVerfGE 11, 351 (361)*.

[79] BVerfGE 11, 351 (363)*.

[80] So im Hinblick auf Art. 21 und Art. 38 I 2 GG BVerfGE 41, 399 (416)* – Bundestag / Wahlkampfkosten; s.a. FN 6.

[81] So der Titel des Aufsatzes von *Rinck*, JZ 1961, 73. — *Lintz* (FN 34), S. 80 f., spricht vom „Prinzip der gegenseitigen Einwirkung“ zwischen Art. 21 und 28 GG und will grundsätzlich dem Prinzip der Selbstverwaltung das größere Gewicht verleihen.

3. Der Verhältnismäßigkeitsgrundsatz

Die Wahlrechtsgrundsätze vermitteln, soweit sie spezielle Gleichheitsrechte sind (s.o. I 2 c), ein Recht auf strikte Gleichbehandlung[82]. Infolgedessen ist bei einer Einschränkung dieses „prima-facie-Rechts" der Verhältnismäßigkeitsgrundsatz anwendbar, auch wenn dessen Anwendung in der herkömmlichen Gleichheitsdogmatik bisweilen Schwierigkeiten macht oder gar unmöglich ist[83]. Beschränkungen des Wahlvorschlagsrechts müssen demgemäß einem legitimen *Ziel* dienen, und sie müssen als *Mittel* geeignet, erforderlich und verhältnismäßig i.e.S., d.h. zumutbar und angemessen sein[84] — freilich nach strengerem Maßstab als sonst üblich. Es wird sich im folgenden zeigen, daß die Zahl der *legitimen* Ziele von Wahlzulassungsbeschränkungen geringer ist, als die herrschende Rechtsprechung und Lehre annimmt (III). Demzufolge sind auch die verwendeten Mittel, insbesondere Unterschriftenquoren, nicht ohne weiteres mit den üblichen Argumenten zu rechtfertigen (IV).

---

[82] S.o. I 3 a, c; zur Begründung und vertiefend *von Arnim*, DÖV 1984, 85; zum Zusammenhang mit dem Demokratieprinzip *Böckenförde*, in: HdbStR I (1987), § 22 RN 42 ff.; *Zippelius*, VVDStRL 47 (1988), S. 24.

[83] Klärend *Huster*, JZ 1994, 541 (543 ff.); zur Wahlgleichheit *ders.*, Rechte und Ziele, 1993, S. 366 ff.; *Huster* sieht freilich die Wahlgleichheit als Anwendungsfall des allgemeinen Gleichheitssatzes an (ebd. S. 353 ff.).

[84] So die h.L., s. nur *Stern* (FN 29), S. 866 f.; *Hesse* (FN 29), RN 318; krit. *Maunz/ Zippelius* (FN 29), § 13 III 6.

III. Die Legitimität der Ziele von Beschränkungen des Wahlvorschlagsrechts

Die Rechtsprechung führt eine ganze Reihe von Zielen an, denen Beschränkungen des Wahlvorschlagsrechts dienen sollen, und hält diese Ziele offenbar für legitim. Eine genauere Betrachtung ergibt freilich bei den meisten von ihnen Zweifel an dieser Legitimität.

1. Praktikabilität des „Wahlgeschäfts“

Unproblematisch legitim ist allein die Erwägung, daß die Zahl der Wahlbewerber begrenzt werden muß, um die Durchführung der Wahl nicht organisatorisch unmöglich werden zu lassen. „Ein Wahlsystem, das Wahlvorschläge vorsieht, kann nur funktionieren, wenn die Einreichung eines Wahlvorschlags nicht jedem ohne weiteres zugestanden wird“[85]. Wollte man alle Wahlbewerber zulassen, so würden jedenfalls in größeren Gemeinden „die Stimmzettel völlig unübersichtlich und unhandlich und ihre Auswertung schwierig“[86], es käme zu „unerträglichen Erschwerungen des Wahlgeschäftes“[87]. Dieses Praktikabilitätsargument, daß die „ordnungsgemäße Durchführung der Wahl“[88] noch möglich sein muß, läßt sich kaum widerlegen.

2. Zulassung nur ernsthafter Vorschläge?

Fraglicher ist schon, ob die Zulassung nur ernsthafter Bewerber ein legitimes *Ziel* von Beschränkungen des (kommunalen) Wahlvorschlagsrechts ist. Das Bundesverfassungsgericht und die übrigen Gerichte gehen zwar in ständiger Rechtsprechung davon aus[89], doch müßten dem eigene Äußerungen

---

[85] BVerfGE 4, 375 (381)* – Landtag.

[86] BayVerfGH v. 18.7.1995*, sub V 1 b = BayVBl. 1995, 625; s.a. sub V 2 d bb = BayVBl. 1995, 626. Hinsichtlich der Auswertung ist zu bedenken, daß im bayerischen Kommunalwahlrecht die Möglichkeit besteht, die Stimmen zu kumulieren (auf einzelne Bewerber) und zu panaschieren (auf verschiedene Listen), Art. 31 Nr. 4, 5 GLKrWG.

[87] BayVerfGH 3, 111 (124)*.

[88] BVerfGE 5, 77 (82)* – Bundestag; s. ferner BVerfGE 12, 10 (27)*; 12, 33 (35)*; 12, 135 (139)* – Kommunalwahl.

[89] Kommunalwahlen: BVerfGE 6, 121 (130 f.)*; 12, 10 (27 ff.)*; 12, 33 (36)*; BVerfG, LKV 1994, 403*; BayVerfGH v. 18.7.1995*, Ls. 2 und 6 sowie sub V 1 b, 2 a–e, g = BayVBl. 1995, 624 ff.; s.a. OVG MV, DÖV 1995, 293*. — Parlamentswahlen: BVerfGE

eigentlich entgegenstehen. So heißt es etwa: „Die Entscheidung über den Wert des Programms einer politischen Partei und über ihr Recht, an der Bildung des Staatswillens mitzuwirken, kann allein von den Wählern getroffen werden; hier liegt die ursprünglichste und wichtigste Äußerungsform der repräsentativen Demokratie überhaupt."[90] Da zum Wert eines Programms seine Ernsthaftigkeit zählt, müßte nach diesem Argument auch über sie allein der Wähler entscheiden, und zwar *in* der Wahl — nicht aber der Gesetzgeber, mit Hilfe von Zulassungshürden, da*vor*. Daß der Wähler zur Beurteilung der Ernsthaftigkeit von Wahlbewerbungen regelmäßig in der Lage ist, wird ihm denn auch vom Bundesverfassungsgericht bescheinigt[91]. Dann aber darf dem Wählerentscheid über Wert und Ernsthaftigkeit einer Wahlbewerbung *überhaupt nicht* vorgegriffen werden[92], so daß die Eliminierung von nicht-ernsthaften Bewerbern *vor* der Wahl kein legitimes *Ziel* von Beschränkungen des Wahlvorschlagsrechts sein kann[93]. „Das letzte Urteil darüber, von wem die Interessen der örtlichen Gemeinschaft im Einzelfall am besten wahrgenommen werden, muß ... in einer freiheitlichen Demokratie dem Bürger überlassen bleiben"[94].

In einem andern Sinn freilich läßt sich die Eliminierung „nicht-ernsthafter Bewerber" vor der Wahl rechtfertigen: nämlich als ein legitimes *Mittel*[95], um die Praktikabilität der Wahl zu sichern. Denn wenn es erforderlich ist, die

---

3, 383 (392)*; 4, 375 (381 f.)*; 6, 84 (98); 12, 132 (133 f.)*; 82, 353 (364)*. — Sonstige Wahlen: BVerfGE 30, 227 (247)*; 60, 162 (168 und Ls.)*; 71, 81 (96 f., 98)*. — Ebenso bereits StGH, in: *Lammers/Simons* (FN 30) I, 398 (408 f.); OVG Lüneburg, OVGE 2, 187 (191 ff.)*.

[90] BVerfGE 3, 19 (26)* – Bundestag.

[91] BVerfGE 71, 81 (98)* – Arbeitnehmerkammern: Ein Wahlberechtigter werde „regelmäßig nur solche Wahlvorschläge mit seiner Unterschrift unterstützen, bei denen er für den Fall des Erfolges eine ernsthafte und dauerhafte Interessenvertretung gewährleistet sieht."

[92] Vgl. oben unter II 1 a.E.

[93] Pointiert *Hans Meyer*, Wahlsystem und Verfassungsordnung, 1973, S. 225 FN 5: keine Erziehungskompetenz des Wahlgesetzgebers. — Möglicherweise hat die entgegengesetzte Ansicht ihre Wurzeln darin, daß die frühesten Entscheidungen des *BVerfG* zum Wahlvorschlagsrecht sich auf das Parlamentsrecht und dort auf die Wahlvorschläge von *Parteien* bezogen (Anhang A I 1 a–c). Weil es zu dieser Zeit noch kein Parteiengesetz gab (s. BVerfGE 4, 375 [383]*, auch 3, 383 [404]* – Landtage; ferner BVerwGE 6, 96 [97]), mag das Gericht es für besonders notwendig erachtet haben, „echte" und ernsthafte Parteien (BVerfGE 3, 19 [27 und Ls. 3]*) von anderen zu unterscheiden. Heute gelten insoweit § 2 I 1 ParteienG und z.B. § 18 IV Nr. 2 BWahlG (dazu etwa BVerfGE 89, 291 [300 f., 305 ff.]).

[94] BVerfGE 11, 351 (366)* – Kommunalwahl.

[95] Diese Betrachtung als Mittel auch in BVerfGE 24, 300 (341) – Wahlkampfkosten; 60, 162 (168)* – Personalvertretung; 71, 81 (96 f.)* – Arbeitnehmerkammern: „Indirekt" begegne die Selektion politisch ernst zu nehmender Gruppen der Stimmenzersplitterung (dazu gleich unter 3). — In der Sache wie hier auch *Hubert Meyer*, Kommunales Parteien- und Fraktionenrecht, 1990, S. 196 f.; 200 f.

Anzahl der Wahlbewerber irgendwie zu beschränken, so stellt sich die Frage, nach welchen Kriterien das erfolgen soll. So könnte für jeden Wahlvorschlag ein Geldbetrag hinterlegt werden müssen, der der Staatskasse verfiele, wenn der Bewerber nicht gewählt wird (natürlich wäre das ein Verstoß gegen den Grundsatz der Allgemeinheit der Wahl[96]). Denkbar wäre ferner, daß man von vornherein nur eine bestimmte Zahl von Vorschlägen zuläßt und diese unter den vorhandenen Bewerbern auslost. Diesem reinen Zufallsprinzip gegenüber ist eine Regelung, die unter den Bewerbern nach Kriterien ausliest, die den Zweck der Wahl in Rechnung stellen, die angemessenere Lösung. Wenn Zweck der Wahl aber die Bildung von Vertretungsorganen ist, in denen ernsthaft politisch und administrativ gearbeitet werden soll, dann dürfen bei der Wahlzulassung Gruppen bevorzugt werden, bei denen man vermuten darf[97], daß sie zu solcher Arbeit bereit und in der Lage sind. In diesem Sinn darf die Fähigkeit, Wahlzulassungsvoraussetzungen zu erfüllen und insbesondere Unterstützungsunterschriften beizubringen, als Indiz für „Ernsthaftigkeit" betrachtet werden und als Selektionskriterium dienen. (Ob die Ernsthaftigkeit auch auf andere Weise nachgewiesen werden darf, ist eine andere Frage, s.u. IV 1 a.)

3. Verhinderung der Stimmenzersplitterung?

Nach ständiger Rechtsprechung ist legitimes Ziel von Wahlzulassungsbeschränkungen, insbesondere von Unterschriftenquoren, ferner die Verhinderung der Stimmenzersplitterung[98]; dieses Ziel, so wird argumentiert, hätten die Zulassungsbeschränkungen mit Sperrklauseln, die *nach* der Wahl zum Einsatz kommen, gemeinsam[99].

Auch hiergegen lassen sich freilich Bedenken finden. Stimmenzersplitterung als solche ist nämlich kein Übel, dem man ohne weiteres begegnen

---

[96] So schon der StGH, in: *Lammers/Simons* (FN 30) I, 398 (406 f.); 341 (342, 349 f); 329 (337 ff.).

[97] Die Formulierung „Vermutung für die Ernsthaftigkeit eines Wahlvorschlages" erstmals in BVerfGE 4, 275 (382)* – Landtag. Kommunalwahlen: BVerfGE 12, 10 (28)*; 12, 135 (137)*; s.a. BVerfGE 71, 81 (98 f.)* – Arbeitnehmerkammern; 82, 353 (364, 374 f.)* – Erste gesamtdeutsche Wahl.

[98] Kommunalwahl: z.B. BVerfGE 12, 135 (137)*; OVG MV, DÖV 1995, 293*; BayVerfGH v. 18.7.1995*, Ls. 3 und sub V 1 b, 2 c, d = BayVBl. 1995, 624 ff. — Parlamentswahlen: BVerfGE 3, 19 (27 [unter 2])*; 5, 77 (81 f.)*; 12, 132 (133)*. — Sonstige Wahlen: BVerfGE 60, 162 (168)*; 71, 81 (96 f.)*. — Aus der Literatur *Maunz/Zippelius* (FN 29), § 31 II 1 a.E.; *Badura* (FN 29), RN 14; *Leibholz* (FN 24), S. 52; abl. *Grundmann* (FN 34), S. 76; *Lintz* (FN 34), S. 162; *Hans Meyer* (FN 29), RN 39 („Stimmenzersplitterung durch Parteien, deren Wahlbewerbung nicht ernsthaft ist, ist ein Widerspruch in sich").

[99] Z.B. BVerfGE 3, 383 (393 f.)* – Landtag.

müßte, sie liegt vielmehr gerade in der Natur des Verhältniswahlsystems[100], für das sich das deutsche Wahlrecht fast ausnahmslos[101] entschieden hat. „Die Verhältniswahl begünstigt das Aufkommen kleiner Parteien"[102] und dient damit nicht zuletzt dem Minderheitenschutz[103]. Stimmenzersplitterung zu verhindern, kann demnach allenfalls ein *Mittel* sein, um Mißstände zu verhindern, die durch sie eintreten könnten[104] (dazu sogleich unter 4).

Selbst wenn die Verhinderung von Stimmenzersplitterung ein legitimes Ziel von Wahlzulassungsbeschränkungen sein sollte, wären diese jedoch als Mittel *nicht geeignet*, es zu erreichen – wenn sie verhältnismäßig bleiben sollen.

Maßvolle Beschränkungen können nämlich gerade „nicht verhindern, daß Parteien, die die Zulassungserfordernisse erfüllen, immer noch Splittergruppen bleiben. Ihnen entgegenzutreten, dient (sc. vielmehr) die Sperrklausel"[105]. Etwas anderes würde nur gelten, wenn die Zulassungsbeschränkung die Sperrklausel vorwegnähme. In diesem Fall wäre sie jedoch verfassungswidrig: Sie beschränkte bereits den *Zugang* zur Wahl (die Allgemeinheit) in einem Maße, das erst und allenfalls bei der Gewichtung des *Ergebnisses* der Wahl (Wahlgleichheit i.e.S.), als Sperrklausel, gerechtfertigt wäre. Die Sperrklausel ist nämlich gegenüber Zulassungsbeschränkungen das mildere, ebenso geeignete Mittel zur Verhinderung der Stimmenzersplitterung, weil sie „kleinen" Bewerbern wenigstens die Chance läßt, sich zur Wahl zu stellen. Zulassungsbeschränkungen mit gleicher Wirkung wären somit verfassungswidrig, weil *nicht erforderlich* und daher übermäßig belastend[106]. Verfassungswidrig erscheint daher, zumindest teilweise, die neueste bayerische Regelung: Sie verlangt z.B. in Gemeinden mit bis zu 1.000 Einwohnern, daß 50 Wahlberechtigte, die obendrein nicht selbst Bewerber oder Ersatzleute sein dürfen, einen „neuen" Wahlvorschlag durch ihre Unterschrift unterstützen[107], d.h.

[100] BVerfGE 71, 81 (97)* – Arbeitnehmerkammern.

[101] Ausnahmen z.B.: § 26 III BWGO; Art. 35 BayGLKrWG; § 1 II HessKWG; § 22 RhPfKWG; § 30 SächsGemO; § 13 ThürKWG.

[102] BVerfGE 6, 104 (112)* – Kommunalwahl.

[103] BVerfGE 60, 162 (171, 174)* – Personalvertretung; 71, 81 (97)* – Arbeitnehmerkammern.

[104] Vgl. die Formulierungen BVerfGE 3, 19 (27 vor 2)* – Bundestag; BVerfGE 6, 84 (98) – Bundestag / Sperrklausel.

[105] BVerfGE 6, 84 (98 f.) – Bundestag / Sperrklausel; zuvor bereits BVerfGE 3, 383 (393 f.)* – Landtag / Quoren; s.a. BVerfGE 4, 375 (381)*; BayVerfGH 3, 115 (127 o.)*.

[106] Zum Verhältnis Erforderlichkeit / Übermaßverbot nochmals *Maunz / Zippelius* (FN 29), § 13 III 6.

[107] Art. 23 II, 25 II GLKrWG nach dem Änderungsgesetz v. 18.7.1995 i.d.F. d. Bek. v. 27.8.1995 (GVBl. S.590).

mindestens 5% der Einwohner und folglich ein noch erheblich höherer Anteil der Wahlberechtigten.

Um zusammenzufassen: Ist eine Wahlzulassungsbeschränkung zur Verhinderung der Stimmenzersplitterung geeignet, so verstößt sie gegen das Übermaßverbot. Verstößt sie nicht gegen das Übermaßverbot, so ist sie zur Verhinderung der Stimmenzersplitterung auch nicht geeignet.

4. Funktionsfähigkeit der Vertretungskörperschaften?

Die Rechtsprechung sieht es als ein weiteres legitimes Ziel von Wahlzulassungsbeschränkungen wie Sperrklauseln an, die Bildung handlungsfähiger Organe bzw. Vertretungskörperschaften zu sichern und eine Störung ihrer Funktion zu verhindern[108]. Es ist dies das Ziel, um dessentwillen die Verhinderung von Stimmenzersplitterung legitim sein könnte (s. soeben unter 3).

a) Funktionsfähigkeit im kommunalen Bereich

Setzt man einmal voraus, daß Wahlzulassungsbeschränkungen geeignet wären, der Zersplitterung entgegenzuwirken, so fragt sich doch, ob wirklich eine Gefahr für das Funktionieren der Vertretungsorgane besteht, wenn im *kommunalen* Bereich eine Zersplitterung der Stimmen stattfindet. Was geschähe, wenn im Extremfall der Gemeinderat von ebensovielen Parteien oder Gruppierungen besetzt würde, wie es Gemeinderäte gibt? Offensichtlich würde die Mehrheitsbildung schwieriger, aber wäre das „an sich" schon ein Übel? Man könnte eher im Gegenteil argumentieren, daß auf diese Weise in der Gemeinde nur solche Entscheidungen freiwillig getroffen werden können, die tatsächlich bei der ortsansässigen Mehrheit konsensfähig sind, während solche, die es nicht sind, notfalls durch die staatliche Aufsicht[109] durchgesetzt werden müssen. Auf diese Weise würde zudem klarer, wer eine Entscheidung oder auch Nicht-Entscheidung zu verantworten hat: der „Staat" oder die örtli-

---

[108] Zulassungsbeschränkungen: bei Kommunalwahlen explizit nur BVerfGE 11, 266 (277)* in einem obiter dictum; BayVerfGH v. 18.7.1995*, Ls. 3 und sub V 1 b, 2 c, d bb = BayVBl. 1995, 624–626; OVG MV, DÖV 1995, 293*; bei Parlamentswahlen BVerfGE 3, 19 (27)*; 3, 383 (392 ff. und Ls. 2)*; s.a. 6, 84 (98); bei sonstigen Wahlen BVerfGE 60, 162 (171 f.)*; vgl. auch 71, 81 (97 f.)*. — Zu Sperrklauseln bei Kommunalwahlen BVerfGE 6, 104 (112 ff.)*; BayVerfGH 5, 66 (74 ff.)*. — Zusammenfassend BVerfGE 14, 121 (135) – Wahlkampf/Sendezeiten; 24, 300 (341) – Wahlkampfkosten (dort erscheint die Funktionssicherung nur als Ziel der Sperrklauseln). — Abl. *Hubert Meyer* (FN 95), S. 195 f. m.w.N.: Die Sicherung einer arbeitsfähigen Volksvertretung werde „weit effektiver" durch Sperrklauseln erreicht.

[109] Zu diesem Gedanken BayVerfGH 5, 66 (77)* sowie, freilich mit entgegengesetzter Tendenz, BVerfGE 6, 104 (117 f.)*; näher dazu sogleich im Text.

che Gemeinschaft, und der Wähler könnte dies je nachdem auf der richtigen Ebene honorieren: bei der nächsten Landtags- oder aber Kommunalwahl.

Vielfalt im Gemeinderat wäre somit vielleicht sogar ein Mittel, um den Einfluß der „staatstragenden"[110] politischen Parteien auf die Selbstverwaltung[111] zu begrenzen: Wenn die Parteien ihre Vorstellungen auf kommunaler Ebene nicht mehr dadurch durchsetzen könnten, daß sie ihre Fraktion im Gemeinderat mobilisieren (gewissermaßen als vorgezogene Kommunalaufsicht), dann müßten sie eindringlicher um Verständnis für die Richtigkeit ihrer Politik werben und Anreize zu freiwilliger Gefolgschaft bieten. Kurz: Im Spannungsverhältnis von Parteienstaat und Selbstverwaltung könnten zersplitterte Vertretungskörperschaften die örtliche Gemeinschaft gegenüber der Parteienherrschaft stärken. Darunter könnte dann zwar die „reibungslose Erfüllung der Verwaltungsaufgaben"[112] leiden, aber das scheint das Grundgesetz zu wollen oder doch in Kauf zu nehmen[113]: „Spannungsverhältnisse" wie das zwischen Art. 21 und 28 II GG funktionieren eben nicht „reibungslos".

All dies soll natürlich nicht heißen, daß die Selbstverwaltung im Gegensatz zum Staat („antistaatlich") stünde; wohl aber im Gegensatz zum „Verwaltetwerden"[114]. Es sei auch nicht verkannt, daß entschlußunfähige Vertretungskörperschaften durchaus im Gegenteil die Zentralverwaltung stärken könnten. Es sollte lediglich gezeigt werden, daß die „Funktionsfähigkeit" kommunaler Organe nicht einseitig definiert werden darf, daß sie durch Pluralität und Parteiferne ihrer Mitglieder vielleicht sogar gefördert wird und daß sie deshalb als Argument mit Vorsicht verwendet werden sollte.

b) Drohende Störung der Funktionsfähigkeit?

Aber wie immer dem sei: Legitimes Ziel der Verhinderung von Stimmenzersplitterung auf kommunaler Ebene kann allein sein, eine wirklich drohen-

---

[110] S. nochmals BVerfGE 11, 351 (363)* – Kommunalwahl; ferner BVerfGE 14, 121 (135) – Wahlkampf / Sendezeiten.

[111] Zu dieser „spürbaren ‚Politikverflechtung'" *Püttner* (FN 6), RN 49, der allerdings auch auf die innerparteilichen und innerparlamentarischen Einflußnahmen in umgekehrter Richtung („Gegenstromprinzip") hinweist.

[112] So die Formulierung in BVerfGE 6, 104 (120)* – Kommunalwahl NRW / 5%-Klausel.

[113] Demgegenüber hatte BVerfGE 6, 104 (114)* – Kommunalwahl – die normative Kraft des Faktischen betont: „Die ‚Verfassungswirklichkeit'" sei so, „daß auch die Kommunalpolitik von den politischen Parteien maßgeblich gesteuert wird"; dagegen mit Recht BVerfGE 11, 351 (365)* – Kommunalwahl.

[114] *Stern* (FN 29), S. 403, 405; BVerfGE 79, 127 (149 f); s. aber auch BVerfGE 83, 37 (53 f.) – Ausländerwahlrecht; *Böckenförde* (FN 82), RN 31 f.; nicht unkritisch dazu *Robbers*, in: HdbVerfR, 2. Aufl. (1994), § 11 RN 83.

de „Störung der Funktionen der gewählten kommunalen Vertretungskörperschaften“[115] zu verhindern. Daß eine solche Störung zu befürchten ist, hat die Rechtsprechung bisher aber nicht annähernd dargetan. Der Bayerische Verfassungsgerichtshof hat, ganz im Gegenteil, in einer frühen Entscheidung (s. Anhang A II 1 b) sogar ausführlich begründet, daß „Splitterparteien“ im Gemeinderat nicht ohne weiteres schadeten: wegen der Rechte des Bürgermeisters und der Aufsicht sowie wegen der besonderen Pflichten der Gemeinderäte (Teilnahme an den Sitzungen, Verbot der Stimmenthaltung)[116]. Demgegenüber heißt es in der Entscheidung des Bundesverfassungsgerichts zur 5%-Klausel im nordrhein-westfälischen Kommunalwahlrecht (Anhang A I 2 a) lediglich: Die Selbstverwaltung müsse möglichst „normal“, d.h. ohne Eingriffe der Kommunalaufsicht funktionieren. „Gerade dieses normale Funktionieren, auf das es allein ankommt, kann aber durch das Vorhandensein von Splitterparteien ebenso gestört werden wie das normale Funktionieren eines Parlaments“[117]. Eine 5%-Sperrklausel sei daher im Kommunalwahlrecht gerechtfertigt, und zwar selbst dann, wenn in Ländern, deren Kommunalwahlrecht *keine* solche Klausel enthalte (nämlich Bayern, Baden-Württemberg und Niedersachsen), bislang kein „Notstand“ eingetreten sei. Der Landesgesetzgeber habe „vielmehr die Befugnis, einen Notstand, der möglicherweise eintreten kann, von vornherein zu verhindern“[118]. Das ist alles an Begründung[119].

Nichtsdestoweniger ist das Argument der Funktionsfähigkeit des zu wählenden Vertretungsorgans, obwohl ursprünglich nur auf Sperrklauseln gemünzt, ohne nähere Begründung auch auf Wahlzulassungsbeschränkungen, insbesondere Unterschriftenquoren, übertragen worden[120]. Wie erwähnt, sind solche Zulassungsbeschränkungen jedoch, wenn rechtmäßig, kein geeignetes

---

[115] BVerfGE 6, 104 (115)* – Kommunalwahl / Sperrklausel.

[116] BayVerfGH 5, 66 (75–77)* – Sperrklausel.

[117] BVerfGE 6, 104 (118)*.

[118] BVerfGE 6, 104 (119 f.)*.

[119] Das Urteil ist problematisch aus noch zwei weiteren Gründen (*Hans Meyer* [FN 29], RN 29): Erstens billigt das BVerfG hier das „Listenprivileg“ der politischen Parteien (BVerfGE 6, 104 [114]*), das später im Kommunalbereich für verfassungswidrig erklärt wurde (BVerfGE 11, 351 [363 f.]*); zweitens wird auf die „besondere Lage“ in Nordrhein-Westfalen hingewiesen (a.a.O. S. 118 f.), d.h. die Städte-Agglomeration im Ruhrgebiet. Diese beiden Prämissen werden von späteren Entscheidungen (bestätigend: BVerfGE 13, 243 [247]; 47, 253 [277]) „vergessen“ (*Meyer*). — Unterschiede zwischen der bayerischen und der nordrhein-westfälischen Kommunalverfassung, die eine unterschiedliche Störanfälligkeit des Gemeinderates begründen könnten (s. *Henke* [FN 29], S. 210), werden in dem Urteil jedenfalls nicht hinreichend dargelegt. — Auch *Frowein*, AöR 99 (1974), 72 (79), hat „gewisse Zweifel hinsichtlich der Richtigkeit dieser Entscheidung“.

[120] BVerfGE 60, 162 (171 f.)*, wo freilich die Gefahr für die Arbeit der Personalvertretung durch Zersplitterung ihrer Mitglieder als gering veranschlagt wurde; für den kommunalen Bereich s.o. FN 108.

Mittel zur Verhinderung der Stimmenzersplitterung (oben unter 3 a.E.) und damit zur Sicherung der Funktionsfähigkeit des zu wählenden Organs. Spätestens aus diesem Grund vermag die herrschende Rechtsprechung somit nicht zu überzeugen.

c) Zusammenfassung

Die Sicherung der Funktionsfähigkeit kommunaler Vertretungskörperschaften mag ein legitimes Ziel sein, wenn deren Funktionieren wirklich gefährdet ist. Eine solche Gefährdung müßte aber substantiierter als bisher dargetan werden. Selbst wenn das geschähe, wären aber nicht Wahlzulassungsbeschränkungen das geeignete Mittel, ihr zu begegnen, sondern Sperrklauseln.

5. Nicht: Verhinderung der Stimmenvergeudung

Als legitimes Ziel für Beschränkungen des Wahlvorschlagsrechts führt die Rechtsprechung schließlich an: Der Wähler müsse davor geschützt werden, seine Stimme „wegzuwerfen“, sie an aussichtslose oder nicht ernsthafte Bewerber zu „vergeuden“[121]. Dieses Argument läßt sich nicht halten. Es stellt nämlich dem mündigen Bürger, auf dessen Urteil es allein ankommen kann (s.o. unter b), kein besonders gutes Zeugnis aus[122]. Zudem werden bei *jeder* freien Wahl zwangsläufig Stimmen „vergeudet“, sei es bei der Verhältniswahl infolge von Sperrklauseln oder bei der Mehrheitswahl, wenn die Stimmen erfolgloser Kandidaten ganz „unter den Tisch fallen“. Das verhindern zu wollen, läuft letztlich auf den Wunsch heraus, der Wähler möge von vornherein nur die erfolgreichen Bewerber unterstützen[123].

[121] Kommunalwahl: BVerfGE 12, 10 (27)*; BayVerfGH 13, 1 (8)*; BayVerfGH v. 18.7. 1995*, sub V 1 b, 2 g aa = BayVBl. 1995, 625, 628. S. ferner BVerfGE 4, 375 (381)* – Landtag; BVerfGE 60, 162 (172)* – Personalrat. In der Literatur wird dieses Ziel selten genannt (s. aber *Knemeyer*, Bayerisches Kommunalrecht, 8. Aufl. 1994, RN 160; *Saftig*, Kommunalwahlrecht in Deutschland, 1990, S. 358).

[122] *Hans Meyer* (FN 1), S. 71, der ferner darauf hinweist, daß vom Gericht auch nicht annähernd dargetan werde, daß der Wähler dieses Schutzes bedarf; ebenso die Ast. zu 3 in BayVerfGH v. 18.7.1995* (sub II 3 a [S. 11 der Entscheidung, in BayVBl. 1995, 624 nicht abgedruckt]). — Zu bedenken ist schließlich: Solange der Wähler die Möglichkeit hat, überhaupt nicht zu wählen, muß es ihm auch freistehen, seine Stimme zu verschenken (*Grundmann* [FN 34], S. 77; *Lintz* [FN 34], S.162).

[123] BVerfGE 12, 133 (134)* – Landtag: Der Wähler werde „davor bewahrt, daß er seine Stimme einem von vornherein aussichtslosen Bewerber ... gibt“; s.a. BVerfGE 30, 227 (247)* – Sozialversicherungsträger; 71, 81 (98 f.)* – Arbeitnehmerkammern. — Gegen diesen Gedanken schon der StGH, in: *Lammers/Simons* (FN 30) I, 398 (408).

6. Illegitim: Privilegierung der Etablierten

Das Bundesverfassungsgericht hat zumindest in einigen Entscheidungen deutlich erkennen lassen, welche Ziele mit (kommunalen) Wahlrechtsbeschränkungen legitimerweise nicht verfolgt werden dürfen: die Begründung von „Wahlrechtsprivilegien“[124] für etablierte Gruppen, insbesondere Parteien oder Gewerkschaften, ihr Schutz vor der Konkurrenz neuer Bewerber. Jene haben kein Recht darauf, nur *inner*parteilicher bzw. -gewerkschaftlicher Opposition ausgesetzt zu sein. Die Idee demokratischer Wahlen besteht vielmehr darin, daß auch *außerhalb* der Etablierten immer wieder neue Kräfte versuchen, Einfluß auf die Politik zu nehmen, und daß sie die faire Chance bekommen, ihre Ziele zur Wahl zu stellen — auf die Gefahr hin, daß dies auf Kosten der bislang etablierten Kräfte geht. Demokratie funktioniert, so verstanden, ähnlich wie wirtschaftlicher Wettbewerb[125] oder Evolution: Deshalb darf es kein Monopol der Etablierten geben, und eine gewisse Artenvielfalt ist erwünscht[126]. Für die politischen Parteien hat das Bundesverfassungsgericht daher mit Recht bemerkt, daß diese „kein Monopol“ hätten, „die Willensbildung des Volkes vorzuformen“[127], und daß ihre tatsächlich erreichte Vormachtstellung nicht rechtlich durch Privilegien verstärkt werden darf[128]. Für den kommunalen Bereich hat es zudem aus Art. 28 GG gefolgert, daß die kommunalen Wahlkörperschaften „nicht ausschließlich den Parteien“ vorbehalten werden dürfen[129].

Es ist deshalb bei allen und insbesondere den kommunalen Wahlrechtsbeschränkungen nicht nur zu fragen, ob sich positiv Gründe für sie anführen lassen und ob diese den strengen Anforderungen genügen. Es muß vielmehr stets auch gewissermaßen die Gegenprobe gemacht werden: Schützen die Beschränkungen nicht in Wahrheit die Etablierten, insbesondere die politischen Parteien, vor Konkurrenz? Sichern sie nicht in Wahrheit deren politischen Einfluß auf die Selbstverwaltungsgremien, indem sie diese von unbequemen Splittergruppen freihalten (s.o. 4 und II 2)? Bereits vor über zwanzig

---

[124] BVerfGE 11, 351 (365)* – Kommunalwahl.

[125] Zum demokratischen Wettbewerb z.B. BVerfGE 41, 399 (413 f.)* – Bundestag/Wahlkampfkosten.

[126] Vgl. *Zippelius*, Allgemeine Staatslehre, 12. Aufl. 1994, §§ 23 II 4, 26 II 2; *Böckenförde* (FN 82), RN 40, 43 a.E., 54.

[127] BVerfGE 41, 399 (416 f.)* – Bundestag/Wahlkampfkosten; zuvor bereits WPG, OVGE Bln. 13, 244 (258 f.)*.

[128] BVerfGE 11, 351 (365)* – Kommunalwahl; zu diesem Gedanken auch BVerfGE 71, 81 (100)* – Arbeitnehmerkammern; vgl. auch BVerfGE 41, 399 (414)* – Bundestag/Wahlkampfkosten.

[129] BVerfGE 11, 266 (276)*, im Original mit Hervorhebung.

Jahren ist angemerkt worden, daß das Bundesverfassungsgericht in diesen Fragen wohl „gelegentlich etwas zu gutgläubig“ gewesen ist[130].

Mittlerweile dürfte die Entwicklung gezeigt haben und bedarf es heute kaum noch der Erwähnung, daß dem Gemeinwesen Gefahr auch durch einen unkontrollierten Parteienstaat drohen kann[131]. Insofern könnten „Reibungsverluste“ durch Selbstverwaltung – die Art. 28 GG zumindest billigend in Kauf nimmt – vielleicht sogar ein Mittel sein, um zu verhindern, daß die politische Maschinerie allzu gut geschmiert läuft.

7. Zusammenfassung

Legitimes Ziel von Beschränkungen des (kommunalen) Wahlvorschlagsrechts ist nach hier vertretener Ansicht allein die Praktikabilität des „Wahlgeschäfts“[132]. Die übrigen Ziele sind, jedenfalls mit den bisher für sie angeführten Argumenten, nicht zu rechtfertigen. Illegitim ist die offene oder verdeckte Privilegierung etablierter Parteien oder Gruppierungen.

---

[130] *Frowein*, AöR 99 (1974), 72 (98).

[131] *Maunz/Zippelius* (FN 29), § 12 III m.w.N.; ferner insbesondere *von Arnim* mit zahlreichen Veröffentlichungen, etwa: Staat ohne Diener, 1993; *P.M. Huber*, JZ 1994, 689 (692 ff.); s.a. *Schmidt-Hieber/Kiesswetter*, NJW 1992, 1790.

[132] Ebenso *Hans Meyer* (FN 1), S.71: „der einzige legitime Grund“; *Hubert Meyer* (FN 95), S. 197, sowie die Ast. zu 3 in BayVerfGH v. 18.7.1995*, sub II 3 a (S. 10 der Entscheidung, in BayVBl. 1995, 624 nicht abgedruckt). — Im Grundsatz auch BayVerfGH 3, 115 (124 sub aa)*, in der Anwendung freilich mit Nachsicht gegenüber der Privilegierung etablierter Gruppen (a.a.O. S. 125 sub bb); s.a. BayVerfGH 6, 65 (70)*; 13, 1 (6)*.

IV. Die Rechtfertigung von Eingriffen in das Wahlvorschlagsrecht

Eingriffe in das kommunale Wahlvorschlagsrecht sind auf zwei Arten möglich: Zum einen gibt es die unmittelbar behindernde Wirkung „formaler" Zulassungserfordernisse, etwa in Gestalt von Unterstützungsunterschriften (2). Zum andern gibt es, mittelbar, Eingriffe in das Wahlvorschlagsrecht durch Benachteiligung gegenüber Mitbewerbern[133] (1). Beides muß sich im Hinblick auf das Ziel, die Praktikabilität des Wahlvorganges zu sichern, legitimieren lassen.

Dabei sind, wie dargelegt, strenge Maßstäbe anzulegen: Die Wahlrechtsgrundsätze dürfen nur in engen Grenzen und aus zwingenden Gründen eingeschränkt werden. Nach richtiger Ansicht ist die Befugnis des Gesetzgebers im Bereich der Wahlvorbereitung sogar „noch enger begrenzt" als sonst[134]. Im kommunalen Bereich kommt hinzu, daß die Selbstverwaltungsgarantie des Art. 28 II GG der Parteienherrschaft Grenzen zieht.

1. Differenzierungen zwischen verschiedenen Bewerbern

Differenzierungen zwischen politischen Parteien, sonstigen Wählergruppen und auch Einzelbewerbern (b) sowie zwischen den „etablierten" und den „neuen" unter ihnen (a) beschränken die Grundsätze der Gleichheit und / oder der Allgemeinheit der Wahl (s.o. I 3 a, c). Sie können daher, wenn sie sich nicht rechtfertigen lassen, die benachteiligten Wahlbewerber in ihrem passiven Wahlrecht verletzen (s.o. I 3 a, c), aber auch potentielle Wähler in ihrem aktiven Wahlrecht[135].

a) Die Differenzierung zwischen „etablierten" und „neuen" Bewerbern

Üblicherweise werden an die bereits etablierten Parteien oder Wählergruppen geringere Anforderungen bei der Wahlzulassung gestellt; insbesondere sind sie davon befreit, Unterstützungsunterschriften beizubringen[136]. Diese

[133] Zum Eingriff durch Ungleichbehandlung klärend *Huster*, JZ 1994, 541 (548).

[134] WPG, OVGE Bln. 13, 244 (261)*.

[135] BVerfGE 5, 77 (78, 81)* – Bundestag; 11, 266 (268, 271)*; 12, 10 (22, 25 f.)* – Kommunalwahl.

[136] Zur Gesetzeslage Anhang B 3, jeweils a und b.

Bevorzugung wird von der Rechtsprechung ohne Bedenken für zulässig gehalten[137] und läßt sich prima facie wie folgt rechtfertigen[138]:

Um der Praktikabilität des Wahlvorganges willen muß die Zahl der Wahlvorschläge *irgendwie* begrenzt werden; dann aber ist eine Regelung, die bei der unvermeidlichen Auswahl unter den Bewerbern den Zweck der Wahl in Rechnung stellt, nämlich die Schaffung arbeitsfähiger Gremien, die angemessene Lösung (s.o. III 2). Es dürfen[139] deshalb solche Bewerber bevorzugt werden, die ihren Willen und ihre Fähigkeit zu ernsthafter Mitarbeit in irgendeiner Weise dokumentiert haben — sei es durch die Beibringung von Unterstützungsunterschriften (die Organisation als Partei allein soll nicht ausreichen[140]), oder sei es durch die in Vertretungskörperschaften bereits geleistete Arbeit.

Bei dieser Argumentation ist jedoch zu bedenken: Sicherzustellen, daß nur „ernsthafte" Bewerber kandidieren, ist kein legitimes *Ziel* von Beschränkungen des Wahlvorschlagsrechts (s.o. III 2). Der Nachweis der Ernsthaftigkeit ist vielmehr *nur ein Mittel*, um die Zahl der Wahlvorschläge zu begrenzen. Wegen der streng formal zu verstehenden Grundsätze der Allgemeinheit und / oder Gleichheit der Wahl müßte dieser Nachweis jedoch, streng genommen, von allen Bewerbern *in formal gleicher Weise* erbracht werden[141].

---

[137] Z.B. für Kommunalwahlen BVerfGE 12, 10 (27 f.)*; 12, 135 (137)*; BayVerfGH v. 18.7.1995*, sub V 2 a = BayVBl. 1995, 625. — Für Parlamentswahlen BVerfGE 3, 19 (27, 30 und Ls. 5)*; 3, 383 (387, 398 f. und Ls. 2)* – beide Entscheidungen gestehen dem Gesetzgeber allerdings noch einen *weiten* Spielraum zu (3, 19 [24]*; 3, 383 [394]*); BVerfGE 82, 353 (374 f. – Sondervotum)*. — Für sonstige Wahlen BVerfGE 30, 227 (246)*. — Vorbehalte freilich in BVerfGE 4, 372 (383)* – Landtag (s.u. FN 141).

[138] Ähnlich z.B. BVerfGE 12, 135 (137)* m.w.N. – Kommunalwahl; BayVerfGH v. 18.7.1995*, sub V 2 c = BayVBl. 1995, 625 f. — Nicht überzeugend *Saftig* (FN 121), S. 359: Die Privilegierung „alter Gruppierungen" gehöre in ein optimiertes Kommunalwahlrecht, weil dadurch „der Verlust von Wählerstimmen ... im Interesse des Wählerschutzes" verhindert werde (s.o. III 5).

[139] BayVerfGH 3, 115 (125)* meint sogar, daß sie bevorzugt werden *müßten*: Bei Gruppen, deren politisches Gewicht bekannt ist, fordere der „Grundsatz, daß keine weiteren Erschwerungen des Wahlgeschäftes als unbedingt erforderlich eintreten dürfen", daß „nicht mehr Unterschriften verlangt werden, als zum Nachweis der Übereinstimmung des Wahlvorschlags mit den ernstlichen Absichten der Wählergruppen notwendig ist". In der Tendenz ebenso BVerfGE 3, 383 (Ls. 2)* – Landtagswahl: Erschwerte Zulassungsbedingungen dürften *nur* nicht-etablierten Parteien auferlegt werden. Beides trifft nicht zu: Der Grundsatz der Erforderlichkeit verlangt keine Privilegierungen, vielmehr müßten die Privilegierungen erforderlich sein, um ein legitimes Ziel zu fördern; s.a. sogleich FN 142.

[140] S.u. bei und in FN 155.

[141] BVerfGE 4, 375 (383)* – Landtag – enthielt daher den Vorbehalt: „Ob ... ein Unterschriftenquorum, das nicht von allen, sondern nur von neuen politischen Parteien gefordert wird, ... noch gerechtfertigt sein kann, wenn das Parteiengesetz den Begriff und Status der politischen Partei einmal umschrieben haben wird, mag dahingestellt bleiben." Dieser Vorbehalt geriet nach Inkrafttreten des PartG offenbar in Vergessenheit. — Wie hier im

Jedenfalls gibt es keine *zwingenden* Gründe dafür, die bereits Etablierten insoweit zu privilegieren[142] — zumal es ihnen mit ihren Mitteln leicht fallen sollte, die notwendigen Unterstützer zu mobilisieren. Daß die „Etablierten" den Nachweis ihrer Ernsthaftigkeit nicht nötig hätten, so daß man ihnen unnütze Arbeit ersparen müsse[143], wäre demgegenüber eine petitio principii: nämlich daß manche Wahlbewerber von vornherein „gleicher" sind als andere.

Es spricht also einiges dafür, daß die Befreiung etablierter Parteien und Gruppierungen von Wahlzulassungsvoraussetzungen verfassungswidrig ist. Auch im Ergebnis ließe sich eine Gleichbehandlung aller Bewerber beim Zugang zur Wahl begründen: Wer Hindernisse, deren Überwindung er bei der Konkurrenz für zumutbar hält, auch sich selbst zumutet, gewinnt an Glaubwürdigkeit[144]. Und es entspricht dem Ideal des „fairen Wettbewerbes"[145] vielleicht besser, wenn die Favoriten und Titelverteidiger nicht von den Qualifikationskämpfen befreit werden.

Hält man freilich mit der h.M. die Ungleichbehandlung „etablierter" und „neuer" Parteien bzw. Wählergruppen generell für zulässig, so stellt sich unter Gleichheitsgesichtspunkten die Frage, wer Anspruch darauf hat, als etabliert zu gelten. Insofern verstößt es im Bereich der *Kommunalwahlen* gegen

---

Grundsatz ehemals auch der StGH, in: *Lammers/Simon* (FN 30) I, 398 (406 f.), freilich mit Nachsicht gegenüber der „Erleichterung" des § 15 III Reichswahlgesetz. — Auch das aktive und passive Wahlrecht wird bekanntlich in formal gleicher Weise allein durch das Erreichen eines bestimmten Lebensalters und den Wohnsitz im Wahlgebiet erworben (s. nur § 12 I BWahlG), nicht etwa durch den individuellen Nachweis der nötigen Einsichtsfähigkeit.

[142] Zum Erfordernis *zwingender* Gründe bei der Differenzierung zwischen verschiedenen „etablierten" Bewerbern s. BVerfGE 12, 10 (29)* – Kommunalwahl. Warum die Differenzierung zwischen etablierten und nicht-etablierten Bewerbern mit weniger zwingenden Gründen zu rechtfertigen ist, bleibt unerörtert; BVerfGE 71, 81 (98 ff.)* sowie WPG, OVG Bln. 13, 244 (261)* fordern *zwingende* Gründe jedenfalls dann, wenn das Wahlvorschlagsrecht bestimmten Bewerbern vorenthalten wird (s.a. FN 150, 157). — Wie hier in der Diagnose *Hans Meyer* (FN 29), RN 38, der dann jedoch die Privilegierung der im Parlament vertretenen Parteien auch auf weniger erfolgreiche „ernsthafte" Parteien ausdehnen will; auch *Leibholz* (FN 24), S. 50 f., meinte, es handele sich um Willkür, wenn „andere politisch *offenbar* nicht minder bedeutsame Parteien" nicht ebenfalls privilegiert würden. Dabei wird jedoch übersehen: Es bedarf zuerst eines zwingenden Grundes, daß *überhaupt* manche Bewerber privilegiert werden (s.u. im Text unter c); erst danach kann man überlegen, wer zu den Privilegierten gehören sollte.

[143] So in der Sache *Hubert Meyer* (FN 95), S. 199; gegen dieses Argument schon der StGH, in: *Lammers/Simons* (FN 30) I, 398 (407).

[144] Vgl. auch *Kant*, Grundlegung zur Metaphysik der Sitten, 1785, S. 52: Handle „nur nach derjenigen Maxime, durch die du zugleich wollen kannst, daß sie ein allgemeines Gesetz" – also eines, dem du auch selbst unterworfen bist – „werde"; s.a. unten bei und in FN 198, 199.

[145] S. nochmals BVerfGE 11, 351 (365)* – Kommunalwahl.

den Gleichheitssatz, wenn der Erfolg auf kommunaler Ebene nicht ebenso vor höheren Zulassungshürden schützt wie der Erfolg auf Bundes- oder Landesebene[146]. Zulässig soll es hingegen sein, wenn nur der Erfolg im Lande selbst, nicht aber auf Bundesebene oder in einem anderen Land privilegiert wird[147]. Das leuchtet ein, weil die Besonderheit der Kommunalwahl in ihrem Bezug zur engeren örtlichen Gemeinschaft liegt. (Auch im Bereich der Landtagswahlen ist es legitim, bei der Wahlzulassung den Erfolg in einem anderen Land oder auf Bundesebene nicht zu honorieren[148].)

b) Differenzierung zwischen verschiedenen Bewerbern „als solchen"

Inwieweit bei der Wahlzulassung Parteien, freie Wählervereinigungen und Einzelbewerber, ferner u.U. sonstige Gruppen wie die Gewerkschaften, „als solche" unterschiedlich behandelt werden dürfen (also ohne Rücksicht auf ihre bisherigen Wahlerfolge), ist vielfach Gegenstand der Rechtsprechung gewesen. Der besseren Übersicht wegen beschränkt sich die folgende Darstellung nicht auf den kommunalen Bereich:

– *Parlamentswahlen.* Im Parlamentsrecht ist es zulässig, daß nur politische Parteien, nicht aber sonstige Wählervereinigungen Listen bilden dürfen[149]. Eine völlige Monopolisierung des Wahlvorschlagsrechts durch die Parteien würde aber gegen Art. 38 GG oder Art. 28 I 2 GG verstoßen[150]. — Nach einer frühen Entscheidung sollte es zulässig sein, parteilose *Einzelbewerber* noch strenger zu behandeln als „neue" Parteien[151]. Nicht entschieden ist bisher, ob es legitim wäre, „etablierte" Einzelbewerber ebenso zu behandeln wie „neue"[152]. Folgt man der h.M., so spricht einiges dafür, auch ihnen eine Prämie auf den Mandatsbesitz zu gewähren, d.h. ihre Bewer-

---

146 BVerfGE 12, 10 (28 f.)* mit Hinweis auf BayVerfGH 6, 65 (Ls. 3, 74 f.)*; 13, 1 (5 ff.)*. — *Saftig* (FN 121), S. 360, möchte sogar *nur* diejenigen Gruppen privilegieren, die in dem zu wählenden Gremium vertreten sind; ebenso bereits *Grundmann* (FN 34), S. 78 f.; *Lintz* (FN 34), S. 164. A.A. *Hubert Meyer* (FN 95), S. 198, allerdings ohne Begründung.

147 BVerfGE 12, 135 (138)*; BayVerfGH v. 18.7.1995*, sub V 2 b = BayVBl. 1995, 625.

148 BVerfGE 3, 382 (Ls. 4 und S. 399–403)*; a.A. *Leibholz* (FN 24), S. 54.

149 BVerfGE 5, 77 (82)*; WPG, OVGE Bln. 13, 244 (266)*.

150 BVerfGE 41, 399 (417)* – Bundestag; WPG, OVGE Bln. 13, 244 (260–262, 263 ff.)*.

151 BVerfGE 5, 77 (81 f.)*. — Im derzeit geltenden Bundestagswahlrecht besteht keine solche Differenzierung, s. § 20 II und III BWahlG, ebenso nicht im Kommunalwahlrecht der Länder (Anhang B 3, jeweils b).

152 So § 20 III BWahlG, der keine Ausnahme für solche Einzelbewerber vorsieht, die bereits im Bundestag ein Mandat haben.

bung an geringere Voraussetzungen zu knüpfen[153]: Denn auch sie haben ihre Fähigkeit zu ernsthafter parlamentarischer Mitarbeit bereits nachgewiesen.

- *Kommunalwahlen.* Im kommunalen Bereich, der hier besonders interessiert, ist wegen Art. 28 II GG eine Ungleichbehandlung von politischen Parteien und örtlichen Wählergruppen („Rathausparteien") nicht zulässig. Parteien haben *hier* also *kein* „Listenprivileg", und erst recht darf nicht ihnen allein das Wahlvorschlagsrecht zustehen[154]. Sie haben auch keinen Anspruch darauf, allein wegen ihrer Eigenschaft als Partei geringere Zulassungsvoraussetzungen erfüllen zu müssen als sonstige Gruppen[155]; eine Besserstellung insoweit erschiene sogar bedenklich (dazu sogleich im folgenden Absatz). — Einzelbewerber dürfen, soweit das Kommunalrecht sie zuläßt, ebenso wie nicht-etablierte Parteien und Gruppen behandelt werden[156].

- *Sonstige Wahlen.* Auch bei sonstigen Wahlen im öffentlich-rechtlichen Bereich gibt es „keinen zwingenden Grund" dafür, das Wahlvorschlagsrecht allein solchen Gruppen vorzubehalten, die bereits „wesentliche Bedeutung" haben[157]. Unzulässig ist es insbesondere, *Gewerkschaften als solche* vom Erfordernis der Unterschriftenquoren auszunehmen[158]. Weil die Rolle der Gewerkschaften im Arbeitsleben der der *Parteien* in der Politik entspricht[159], läßt sich das auf den *kommunalen Bereich* übertragen: Auch dort gäbe es für eine Bevorzugung der Parteien als solcher keinen zwingenden sachlichen Grund[160].

---

[153] So das geltende Kommunalwahlrecht in Brandenburg, Mecklenburg-Vorpommern, Niedersachsen, Nordrhein-Westfalen und Sachsen-Anhalt (s. Anhang B 3, jeweils b), so auch im Fall BVerfGE 12, 135 (136)* – Kommunalwahl NRW.

[154] BVerfGE 11, 351*; 11, 266*. Ein Jahr zuvor hatte BVerwGE 8, 327 (328) – Nds. Kommunalwahl – entschieden, daß das GG es jedenfalls *erlaube*, neben Einzelbewerbern und politischen Parteien auch „Rathausparteien" das Wahlvorschlagsrecht zuzugestehen.

[155] BayVerfGH v. 18.7.1995*, sub V 2 c = BayVBl. 1995, 625 f.; in der Sache ebenso bereits BayVerfGH 6, 65 (74)*.

[156] BVerfGE 6, 121 (130)*; s. aber auch die drei letzten Sätze des vorigen Absatzes.

[157] BVerfGE 71, 81 (98 ff.)* – Arbeitnehmerkammern.

[158] BVerfGE 30, 227 (246 ff.)* – Sozialversicherungsträger.

[159] Vgl. BVerfGE 60, 162 (170)* – Personalvertretung; 71, 81 (94)* – Arbeitnehmerkammern.

[160] Ebenso *Hubert Meyer* (FN 95), S. 198; s.a. BVerfGE 4, 375 (383)* – Landtag.

c) Stellungnahme

Wenn man mit der h.M. die Grundsätze der gleichen und allgemeinen Wahl im Wahlvorschlagsrecht streng formal versteht, dann bestehen Bedenken gegen die von derselben h.M. gebilligte Bevorzugung „etablierter" Bewerber bei der Wahlzulassung. Es mag für diese Bevorzugung zwar sachlich einleuchtende, nicht willkürlich gewählte Gründe geben. Gründe dieser Intensität reichen aber nur aus, wenn der *allgemeine* Gleichheitssatz Prüfungsmaßstab ist[161]. Geht es hingegen um Allgemeinheit und Gleichheit der *Wahl*, so bedürfen Differenzierungen *besonderer* rechtfertigender, ja zwingender Gründe. Wohlgemerkt: schon die *Differenzierungen*, nicht erst deren Folgen, d.h. die aufgrund einer Differenzierung getroffenen diskriminierenden Regelungen (z.B. das Erfordernis, Unterstützungsunterschriften beizubringen). Solche zwingenden Gründe gibt es für die Differenzierung zwischen etablierten und neuen Gruppen nicht, jedenfalls nicht im Hinblick auf das einzig legitime Ziel, dem Beschränkungen der Wahlgrundsätze dienen dürfen: die Sicherung der Praktikabilität des Wahlgeschäfts. Es sollten daher alle Bewerber die gleichen Zulassungserfordernisse zu erfüllen haben (s.a. unten 2 a cc a.E.). Ein anderes Ergebnis wäre nur zu rechtfertigen, wenn man für die Privilegierung der Etablierten ausnahmsweise die Kriterien des allgemeinen Gleichheitssatzes (Willkürverbot) genügen lassen könnte[162].

Die Rechtsprechung zur Ungleichbehandlung verschiedener Wahlbewerbergruppen „als solcher" enthält im wesentlichen ein striktes Differenzierungsverbot; ihr ist zuzustimmen.

2. Unterschriftenquoren

Wahlvorschläge müssen gewissen Formalien genügen: Schriftform, Bezeichnung des Wahlvorschlagsträgers (Partei, sonstige Gruppe, Einzelbewerber), Bezeichnung der Kandidaten, eine gewisse Anzahl von Unterschriften[163]; Wählergruppen und Parteien müssen das Protokoll der Versammlung beifügen, in der die Kandidaten in geheimer Wahl aufgestellt werden (Aufstellungsversammlung), Parteien obendrein Satzung und Programm[164]. Solche

---

[161] Insofern konsequent OVG Lüneburg, OVGE 2, 187 (191)*; BayVerfGH 3, 115 (121)*; inkonsequent BayVerfGH 3, 115 (125 unter bb gegenüber 123 unter bb).

[162] So wohl *Leibholz* (FN 24), S. 52, auf der Grundlage seiner „Überlagerungstheorie" (a.a.O. S. 44; s. aber zum Regel-Ausnahme-Verhältnis von Wahlgleichheit und allgemeiner Gleichheit auch a.a.O. S. 47, 52; *Rinck*, JZ 1961, 73 [74]).

[163] Überblick bei *Saftig* (FN 121), S. 64-86; zu den derzeit geltenden Vorschriften s. Anhang B 3, jeweils unter c.

[164] Z.B. BVerfGE 3, 383 (404 und Ls. 5)* – Landtag; 5, 77 (84)* – Bundestag; zur Aufstellungsversammlung schon HessStGH, ESVGH 7, 89; s.a. bei und in FN 215.

Formalien sind unproblematisch zulässig[165]. Sie dienen der Identifizierung des Wahlvorschlages und der Organisation der Wahl; das Protokoll der Aufstellungsversammlung dient dem Nachweis innerparteilicher (bzw. -grupplicher) Demokratie[166].

Problematisch sind unter dem Gesichtspunkt der Allgemeinheit und/oder Gleichheit der Wahl allein solche „Formalien“, die darüber hinaus eine *Auslese* unter den Bewerbern bezwecken: Hürden also, die gerade nicht jeder Bewerber oder jede Bewerbergruppe überwinden können soll. Insofern ist üblicherweise die Beibringung einer gewissen Anzahl von Unterstützungsunterschriften in einer bestimmten Form vorgeschrieben (im folgenden verkürzt[167]: *Unterschriftenquoren*). Diese Unterschriftenquoren beschränken die Grundsätze der allgemeinen, gleichen und geheimen Wahl (s.o. I 3 a–c), und zwar auch dann, wenn sie für alle Bewerber gelten: Denn jedenfalls das passive Wahlrecht derer, die an der Hürde scheitern, wird vereitelt.

Unterschriftenquoren sind demnach zwar grundsätzlich zulässig[168], jedoch nur in engen Grenzen. Sie dürfen nicht dazu führen, daß die Ausübung des Wahlvorschlagsrechts praktisch unmöglich gemacht oder unverhältnismäßig erschwert wird[169], und sie dürfen der Wählerentscheidung möglichst wenig vorgreifen[170]. Das bedeutet praktisch: „(D)ie Gründung einer wahlvorschlagsberechtigten Organisation muß auch von einer kleinen Anzahl ins Werk zu setzen sein.“[171] Quoren dürfen daher nur so bemessen und ausgestaltet sein,

---

[165] BVerfGE 12, 10 (16 f., 30 f.)*; 12, 135 (139)* – Kommunalwahl; 3, 383 (403–405)* – Landtag.

[166] *Schreiber*, Handbuch des Wahlrechts zum Deutschen Bundestag, 5. Aufl. 1994, § 21 RN 26.

[167] Verkürzt, weil „Quorum“ nur die Anzahl meint, es im folgenden aber auch um die Art und Weise der Beibringung der Unterstützungsunterschriften geht.

[168] Kommunalwahlen: BVerfGE 6, 121 (130 f.)*; 12, 10 (27 [mit Zusammenfassung der Rspr.])*; 12, 135 (137)*; BVerfG, LKV 1994, 403)*; BayVerfGH 13, 1 (9)*; BayVerfGH, Entsch. v. 18.7.1995*, sub V 1 b = BayVBl. 1995, 624 f. – Bundestagswahlen: BVerfGE 3, 19 (27 ff.)*; 5, 77 (81 f.)*; 6, 84 (98). — Landtagswahlen: BVerfGE 3, 383 (392 ff.)*; 4, 375 (384)*; 12, 132 (133)*; OVG Lüneburg, OVGE 2, 187 (192)*; WPG, OVGE Bln. 14, 262 (265)*; 14, 269 (270)*. — Sonstige Wahlen: BVerfGE 30, 227 (246)*; 60, 162 (168)*; 71, 81 (96 f.)*.

[169] Kommunalwahl: OVG MV, DÖV 1995, 293*; im Grundsatz auch BayVerfGH v. 18.7.1995*, sub V 1 b = BayVBl 1995, 625. — Für Parlamentswahlen BVerfGE 4, 375 (384)*; für sonstige Wahlen BVerfGE 60, 162 (168 f., 172)*; 71, 81 (97)*.

[170] Kommunalwahlen: im Grundsatz BayVerfGH v. 18.7.1995*, sub V 2 d aa = BayVBl 1995, 626; das BVerfG hat die Formel in diesem Bereich noch nicht verwendet, weil über das Maß der Zulässigkeit von Unterschriftenquoren noch nicht entschieden wurde (BVerfG, LKV 1994, 403*). — Parlamentswahlen: BVerfGE 3, 383 (394)*; 6, 84 (98); WPG, OVGE Bln. 14, 262 (265)*; 14, 269 (270)*; sonstige Wahlen: BVerfGE 60, 162 (168 f.)*; 71, 81 (96, 97, 99 f.)*.

[171] BVerfGE 71, 81 (101)* – Arbeitnehmerkammern.

wie es für die Sicherung der Durchführung der Wahl, als für ihren einzig legitimen Zweck, unbedingt erforderlich ist[172].

a) Höhe der Quorums

Was die Höhe des Quorums betrifft, so scheint es schwer zu sein, für den kommunalen Bereich eindeutige Grenzwerte zu finden.

aa) Die Rechtsprechung

Bei *Parlaments*wahlen hat das Bundesverfassungsgericht ein Quorum von 0,25% der Wahlberechtigten als die „äußerste Grenze" bezeichnet, später ließ es aber auch noch „Ausreißer" bis 0,26% durchgehen[173]. Zwei sehr frühen Entscheidungen aus Bayern bzw. Schleswig-Holstein zufolge waren Quoren von durchschnittlich 0,058% verfassungsmäßig, von 0,8% zu hoch bemessen[174]. In Berlin wurde für die Wahlen zum Abgeordnetenhaus ein Quorum von durchschnittlich 0,3% für zulässig, eines von im Schnitt 0,385% für evident verfassungswidrig gehalten[175]. — Bei Wahlen zur *Personalvertretung* hielt das Bundesverfassungsgericht ein Quorum von 10% eindeutig für zu hoch[176].

Eine ähnlich klare Aussage zum *Kommunalwahlrecht* fehlt[177]. Legt man die Werte von BVerfGE 6, 121 (Anhang A I 2 b) und 12, 135 (Anhang A I 2 h) zu Grunde, so sind in Wahlbezirken (nicht: Gemeinden) über 5000 Einwohnern Quoren von knapp 0,2% der Einwohner zulässig, in kleineren Wahlbezirken/Gemeinden aber auch erheblich höhere[178]. BVerfGE 12, 33 (Anhang A I 2 g) ließ in Gemeinden bis zu 150 Einwohnern Quoren von minde-

---

[172] BayVerfGH 6, 65 (70 f.)*; 13, 1 (6)*; BVerfGE 4, 375 (384)* – Landtag (wo allerdings auch weitere Zwecke für legitim gehalten werden); s.a. OVG MV, DÖV 1995, 293*.

[173] BVerfGE 4, 375*; 12, 132*; s. ferner BVerfGE 3, 19*: 0,35% zu hoch; 3, 383*: 0,16% zulässig.

[174] BayVerfGH 3, 115 (124 f.)*; OVG Lüneburg, OVGE 2, 187 (194)*.

[175] WPG, OVGE Bln. 14, 262 (263, 267 ff.)*; 14, 269 (270 f.)*.

[176] BVerfGE 60, 162 (172 ff.)*.

[177] So explizit BVerfG, LKV 1994, 403.

[178] Beispiel (nach heutiger nordrhein-westfälischer Gesetzeslage): Eine Gemeinde von 5001 Einwohnern wird in 13 Wahlkreise eingeteilt (§ 4 I i.V.m. § 3 II NWKWG); in diesen sind – weil jeweils unter 5000 Einwohnern – jeweils 5 Unterstützungsunterschriften beizubringen, insgesamt also 13 x 5 = 65 Unterschriften. Das sind knapp 1,3% der Einwohner. Hinzu kommen noch Unterstützungsunterschriften für die Reserveliste in der Gemeinde, und zwar 1‰ der Wahlberechtigten, mindestens jedoch – und so auch hier – fünf Unterschriften (§ 16 I 3 KWG; bei etwa 70% Wahlberechtigter entspräche 1‰ ca. 3,5 Unterschriften.). Damit erhöht sich das Quorum auf knapp 1,4% der Einwohner.

stens 3,33% der Einwohner zu, in solchen bis 500 Einwohnern Quoren von mindestens 3 Prozent. Es scheint also, als ob die Quoren in kleineren Gemeinden größer sein dürften, damit „nicht jedermann (oder jedenfalls jede Familie) unschwer einen Wahlvorschlag aufstellen" kann[179].

Der Bayerische Verfassungsgerichtshof hielt in einer frühen Entscheidung ein Quorum von 0,047% in München für nicht zu beanstanden[180], in seiner jüngsten Entscheidung Quoren von mindestens 4,2% der Einwohner in Gemeinden unter 1.000 Einwohnern und von 0,026% in der Großstadt München[181]; mittlerweile hat der bayerische Gesetzgeber die Quoren durch ein Gesetz gleichen Datums noch erhöht (s.o. III 4 a.E.). Demgegenüber meint das Oberverwaltungsgericht Mecklenburg-Vorpommern, in kleinen Gemeinden (bis 500 Einwohnern) müsse die Anzahl von drei bis fünf Unterstützungsunterschriften – also höchstens 1% – genügen[182].

bb) Die Vielfalt der Regelungen

Eine verbindliche Aussage über die zulässige Höhe von Unterschriftenquoren im Kommunalbereich zu treffen, scheint schon deshalb schwer zu sein, weil die Berechnung in den einzelnen Ländern unterschiedlich erfolgt. In den meisten Ländern werden bestimmte Zahlen von Unterschriften je nach der Einwohnerzahl der Gemeinden, Kreise oder Wahlbezirke vorgeschrieben[183]. In anderen Ländern ist die Zahl der Unterschriften ein Vielfaches der zu wählenden Gemeinderäte, wobei deren Zahl wieder von der Größe der Gemeinde abhängt[184]. Thüringen fordert, wie ehedem Bayern, für jeden Wahlvorschlag 10 Unterschriften, von nicht-etablierten Gruppen darüberhinaus die Unterstützungsunterschriften von viermal so vielen Wahlberechtigten, wie Gemeinderäte zu wählen sind[185]. Die wohl sinnvollste Lösung[186], nämlich die

---

[179] *Rinck*, JZ 1961, 73 (77).

[180] BayVerfGH 6, 65 (76)*.

[181] BayVerfGH v. 18.7.1995*, sub V 2 d cc = BayVBl. 1995, 626 f., freilich ohne sich mit Zahlen auseinanderzusetzen; zu den Ausgangswerten s. Anhang B 3 Bayern unter a mit FN. — In kleinen Gemeinden ergaben sich noch erheblich höhere Quoren, s. dazu den Vortrag der Ast. zu 1 und 3, a.a.O. sub II 1 b, c, 3 a (S. 7 f., 11 der Entscheidung, in BayVBl. 1995, 624 nicht abgedruckt).

[182] OVG MV, DÖV 1995, 293 (294)*; demgegenüber BayVerfGH v. 18.7.1995*, sub V 2 d cc aaa a.E. = BayVBl. 1995, 627.

[183] Baden-Württemberg, Bayern (nach der Neufassung des GLKrWG), Brandenburg, Niedersachsen, Nordrhein-Westfalen, Rheinland-Pfalz, Sachsen, Schleswig-Holstein; s. Anhang B 3, jeweils unter a.

[184] Hessen, Mecklenburg-Vorpommern, Saarland; s. Anhang B 3, jeweils unter a.

[185] § 14 I 3, V 1 ThürKWG.

[186] Vgl. WPG, OVGE Bln. 14, 262 (265)*.

Zahl der Unterschriften unmittelbar auf die Zahl der Wahlberechtigten zu beziehen, haben nur die Länder Bremen und Sachsen-Anhalt gewählt[187].

Über die bloßen Zahlen hinaus ist ferner zu berücksichtigen, ob der Wahlberechtigte nur einen einzigen Wahlvorschlag unterstützen darf oder aber mehrere[188] – wobei die erste Regelung jedenfalls in den Ländern wenig konsequent ist, in denen der Wähler seine Stimmen bei der Wahl auf mehrere Vorschläge verteilen kann (sog. panaschieren)[189]. Ferner erhöht es die Zahl derer, die effektiv hinter einer Gruppe stehen müssen, wenn die Kandidaten und die Ersatzleute einer Liste selbst keine Unterstützungsunterschriften leisten dürfen[190].

cc) Die Suche nach Grenzwerten

Angesichts dieser Variationsbreite ließe sich zunächst überlegen, ob sie überhaupt zulässig ist: ob nicht vielmehr bundesrechtlich, wegen Art. 28 I 2 und Art. 3 I GG, eine allgemeingültige Obergrenze gezogen werden müßte — z.B. bei 0,5% der Wahlberechtigten[191] (mit oder ohne „Selbstbeteiligung“ der Kandidaten) oder auch abgestuft nach der Gemeindegröße[192]. Dagegen spricht freilich die Autonomie der Länder in Fragen des Kommunalrechts: Wie die Wahlrechtsgrundsätze im einzelnen umzusetzen sind, muß im Hinblick auf regionale Besonderheiten, etwa die Größe der Gemeinden oder die Ausgestaltung des Wahlrechts, variabel bleiben.

---

[187] §§ 18 II 2, 1. Hs., 42 I BremWahlG; § 21 IX SAKWG: 1% der Wahlberechtigten, in Sachsen-Anhalt höchstens 100.

[188] Mehrfachunterstützung nur in Schleswig-Holstein (§ 25 I Nr. 5 S. 1 GKWO); zur Rechtswidrigkeit des Verbotes der Mehrfachunterstützung jedenfalls in kleinen Gemeinden OVG MV, DÖV 1995, 293–295*.

[189] Zu diesem Gedanken OVG MV, DÖV 1995, 293 (295)*.

[190] Vgl. die Berechnungen der Ast. zu 1 in BayVerfGH v. 18.7.1995*, sub II 1 c (S. 7 f. der Entscheidung, in BayVBl. 1995, 624 nicht abgedruckt). — In den Kommunalwahlgesetzen der Länder fehlt es zu diesem Punkt häufig an einer ausdrücklichen Regelung, vgl. Anhang B 3, jeweils unter a; Selbstunterstützung untersagt in: Bayern, Brandenburg, Sachsen, Rheinland-Pfalz; erlaubt in: Nordrhein-Westfalen, Schleswig-Holstein. — S. auch die historischen Nachweise in BayVerfGH 6, 65 (75 f.)*; ferner die saarländische Rechtslage im Fall BVerfGE 12, 33 (34)*.

[191] So die Ast. zu 3 in BayVerfGH vom 18.7.1995*, sub II 3 (S. 10 ff., in BayVBl. 1995, 624 nicht abgedruckt); s. zu diesem Wert auch § 18 II Nr. 1 PartG. — *Saftig* (FN 121), S. 360, zieht die Grenze bei einem Sechstel der Stimmen, die für die Erlangung eines Sitzes in dem zu wählenden Gremium benötigt werden (vgl. OVG Lüneburg, OVGE 2, 187, unten Anhang A II 2 a). *Grundmann* (FN 34), S. 78, hält 2% der Wahlberechtigten für ein zu hohes Quorum.

[192] In Betracht gezogen von BVerfG, LKV 1994, 403.

Möglich sein muß aber ein kritischer Vergleich zwischen verschiedenen Ländern. Ein solcher Vergleich ist grundsätzlich möglich, weil die Länderregelungen allesamt mittelbar oder unmittelbar an die Zahl der Einwohner oder der Wahlberechtigten anknüpfen. Es lassen sich daher im Einzelfall die Quoren errechnen und vergleichen. Zeigt sich dann, daß ein Land mit geringeren Quoren auskommt als ein anderes, ohne daß dadurch Mißstände bei der Durchführung der Wahl verursacht wurden, so spricht eine Vermutung dafür, daß die höheren Quoren des anderen Landes *nicht erforderlich* sind, um die Praktikabilität der Wahl zu gewährleisten[193]. Da diese zu sichern aber das einzig legitime Ziel von Wahlzulassungsbeschränkungen ist und dem Gesetzgeber für sie ohnehin nur ein enger Spielraum bleibt, reduziert sich die „Gestaltungsfreiheit" bei den Quoren in der Regel auf die im Landesvergleich niedrigste funktionsfähige Zahl.

Etwas anderes kann sich freilich u.U. aus einer anderen „Natur des Sachverhalts"[194] ergeben: Beispielsweise könnte ein komplizierteres Wahlsystem eine stärkere Begrenzung der Bewerberzahl und damit höhere Quoren erforderlich machen[195]. Möglicherweise nimmt auch die Bevölkerung in einem bestimmten Land ihr passives Wahlrecht stärker wahr; kommt es dadurch zu Mißständen bei der Durchführung der Wahl, so darf man ihnen abhelfen. Treten freilich Mißstände durch eine zu große Anzahl von Wahlvorschlägen nur punktuell auf (wie offenbar 1994 in München[196]), so müssen sie auch punktuell bekämpft werden (etwa durch Verschärfung der für München ohnehin geltenden Sonderregelung[197]); man darf sie nicht zum Anlaß nehmen, das Wahlzulassungsrecht generell zu verschärfen.

Bislang läßt sich, was die zulässige Höhe von Quoren angeht, kaum ein allgemeingültiger Wert angeben. So bleibt nur nochmals zu betonen: Die Höhe muß erforderlich sein, um der wirklich bestehenden Gefahr von Störungen

---

[193] So auch OVG MV, DÖV 1995, 293 (293 f.)* unter Rückgriff auf BVerfGE 60, 162 (173)* – Personalvertretung; zum Ländervergleich als Mittel der Erforderlichkeitsprüfung auch WPG, OVGE Bln. 13, 244 (261)*. Bereits der StGH, in: *Lammers/Simons* (FN 30) I, 398 (409) – gleichlautend a.a.O. 341 (350 f.); 329 (339 f.) –, hielt ein im Landeswahlrecht vorgesehenes Unterschriftenquorum für nicht erforderlich, weil das weniger strenge Reichstagswahlrecht ausreichte.

[194] S.o. FN 46.

[195] Empirisch hat sich allerdings erwiesen, daß die Wähler komplizierten Wahlsystemen durchaus gewachsen sind (*Deubert*, LKV 1993, 331 [333]).

[196] Bayerischer Landtag, Drs. 13/1493 S. 9 f.: In München waren die Stimmzettel durch eine große Zahl von Splittergruppen äußerst unübersichtlich geworden. Zwei dieser Splittergruppen hatten am Ende weniger Wähler als Unterstützungsunterschriften gefunden, eine weitere nur wenig mehr. Das Argument wird aufgegriffen von BayVerfGH v. 18.7.1995*, sub V 2 d bb = BayVBl. 1995, 626.

[197] S. Art. 25 I 1 GLKrWG a.F. i.V.m. Art. 31 GO einerseits, Art. 25 II GLKrWG n.F. andererseits (Anhang B 3 Bayern unter a).

des Wahlvorganges zu begegnen. Und die „Beweislast“ trägt insoweit der Gesetzgeber.

Gerade die Schwierigkeit, eine „objektiv richtige“ Höhe des Unterschriftenquorums gleichsam von außen festzulegen, liefert schließlich ein weiteres Argument dafür, das Problem zu „internalisieren“: Diejenigen, die per Gesetz die Anforderungen für Wahlvorschläge festsetzen, also die „etablierten“ Parteien, sollten ihnen *auch selbst* genügen müssen (s.o. IV 1 a und c). Sie werden sich dann, als auch selbst Betroffene, genauer überlegen, wie leicht oder schwer jene Anforderungen zu erfüllen sind und ob sie folglich *sich selbst* diesem Gesetz unterwerfen wollen. Es ist eine alte Einsicht, daß erst die Anwendung des Gesetzes auch auf sich selbst, also „ohne Ansehen der Person“, jene innere Distanz gegenüber Partikularinteressen schafft, die dem Gesetzgeber so etwas wie Objektivität „von innen her“ ermöglicht[198]. Und es ist gerade dies auch ein Aspekt des Gleichheitssatzes: andere ebenso zu behandeln „wie sich selbst“ — in gleicher Lage[199].

b) Formvorschriften

Eine weitere Erschwerung des Zugangs zur Wahl liegt dann vor, wenn für die Sammlung der Unterschriften Formerfordernisse gelten: Es müssen etwa Formblätter verwendet werden[200]; es muß die Wahlberechtigung der Unterzeichner nachgewiesen werden[201], oder Unterstützer müssen ihre Unterschriften persönlich beim Wahlleiter leisten[202], oder es wurde die polizeiliche Beglaubigung der Unterschrift verlangt[203].

Zumindest die beiden zuletzt genannten Varianten beeinträchtigen die Allgemeinheit und Gleichheit der Wahl in hohem Maße. Es ist für die berufstätige Bevölkerung ein erheblicher Aufwand, zu den üblichen Geschäfts- und

---

[198] Vgl. *Kant*, Über den Gemeinspruch: Das mag in der Theorie richtig sein, taugt aber nicht für die Praxis, 1793, S. 267: „Was ein Volk über *sich selbst* nicht beschließen kann, das kann der Gesetzgeber auch nicht über das Volk beschließen“ (Hervorh. d. Verf.); vgl. auch *Hesse* (FN 29), RN 196, 205.

[199] Vgl. *Dürig*, in: *Maunz/Dürig*, GG, Stand 1973, Art. 3 RN 8 zur Allgemeinheit des Gesetzes („ohne Ansehen der Person“).

[200] Z.B. § 34 IV BWO sowie im Anhang B 3, jeweils unter c; dort auch zu weiteren Formvorschriften; aus der Rechtsprechung etwa WPG, OVGE Bln. 14, 269 (273)*.

[201] Dazu BVerfGE 12, 10 (16, 30)* – Kommunalwahl; BVerfGE 3, 383 (386, 406)* – Landtag; 5, 77 (79)* – Bundestag.

[202] BVerfGE 12, 33 (34-36)* – Kommunalwahl; 3, 19 (32 f.)* – Bundestag; BayVerfGH 13, 1 (2, 8 f.)*; BayVerfGH, Entsch. v. 18.7.1995*, sub V 2 g = BayVBl. 1995, 627 f.

[203] BVerfGE 12, 132 (134)* – Landtag; sehr krit. dazu *Frowein*, AöR 99 (1974), 72 (98, 105).

Bürozeiten den Arbeitsplatz zu verlassen und die Gemeindeverwaltung oder gar die Kreisstadt aufzusuchen. Ob es einen zwingenden Grund gibt, diesen Aufwand zu fordern, hat das Bundesverfassungsgericht kürzlich mit Recht bezweifelt[204]. Muß der Wähler sich zudem, wie bei der Wahl zum bayerischen Kreistag, die Wahlberechtigung von der Gemeinde bestätigen lassen und die Unterschrift anschließend in der Kreisstadt leisten[205], die u.U. fünfzig Kilometer entfernt ist, dann kann das einen ganzen Arbeitstag kosten[206]. Es mag sein, daß ein Teil der Bevölkerung sich diese Zeit leicht nehmen kann. Für den größten Teil der Arbeitenden aber ist diese Erschwerung unzumutbar[207].

Alle genannten Formvorschriften beeinträchtigen zudem den Grundsatz der geheimen Wahl, denn sie haben das Ziel, die Unterstützer eines Wahlvorschlages zu identifizieren. Dieses Ziel ist zwar legitim, weil anders die Wahlberechtigung und die Echtheit der Unterschrift nicht nachzuprüfen sind (s.o. I 3 b). Die Beeinträchtigung darf aber nicht weiter gehen als unbedingt notwendig[208]. Deshalb darf weder die Anzahl der geforderten Unterschriften zu groß sein[209], noch dürfen dem einzelnen Unterstützer „Formalien" abverlangt werden, die nicht erforderlich sind: so der persönliche Gang aufs Rathaus, denn daß es auch ohne ihn geht, zeigen die Vorschriften der meisten Länder[210]. Die Rechtsprechung sollte hier wachsamer sein gegenüber Tendenzen, die deutlich gegen neue Parteien und Wählergruppen gerichtet sind[211].

---

[204] BVerfGE, LKV 1994, 403*; BayVerfGH v. 18.7.1995*, sub V 2 g aa = BayVBl. 1995, 628, begnügt sich mit einer „sachlichen Erwägung".

[205] § 31 IV 8 BayGWO, Art. 25 I 2, 2. Alt. BayGLKrWG; ebenso § 17 III 5, I SächsKWO.

[206] So die Ast. zu 3 in BayVerfGH v. 18.7.1995*, sub II 3 a (S. 12 f. der Entscheidung, in BayVBl. 1995, 624 nicht abgedruckt).

[207] Unbeeindruckt jedoch BayVerfGH v. 18.7.1995*, sub V 2 g bb = BayVBl. 1995, 628: Die Regelung schränke das Recht der Wahlvorschlagsträger „nicht unverhältnismäßig" ein.

[208] *Frowein*, AöR 99 (1974), 72 (105), ferner die Nachw. o. in FN 53 und 54; BayVerfGH v. 18.7.1995*, sub V 2 g cc = BayVBl. 1995, 628 begnügt sich demgegenüber mit der Feststellung, im demokratischen Rechtsstaat sei es „nicht unverhältnismäßig", aus sachlichen Gründen „in begrenztem Umfang" eine Offenlegung zu verlangen.

[209] So bereits OVG Lüneburg, OVGE 2, 187 (195)*; BVerfGE 4, 375 (384 ff.)* – Landtag.

[210] Anhang B 3, jeweils unter c; s.a. §§ 20 II, III, 34 IV BWahlO.

[211] So *Frowein*, AöR 99 (1974), 72 (105, 109) im Hinblick auf die polizeiliche Beglaubigung der Unterschriften.

c) Fristen

Der Grad, in dem Unterschriftenquoren das Wahlvorschlagsrecht beeinträchtigen, hängt auch davon ab, wie eng die Fristen zur Beibringung der Unterschriften bemessen sind. Soweit ersichtlich, ist dieser Aspekt noch kaum Gegenstand der Rechtsprechung gewesen. Das Bundesverfassungsgericht hat anläßlich der ersten gesamtdeutschen Wahl eine Frist von drei Wochen für zu knapp gehalten[212]. Das *VG Ansbach* hat jüngst in einem Verfahren des vorläufigen Rechtsschutzes eine Frist von 25 Tagen nicht beanstandet[213]. Bedenklich kurz erscheint eine Mindestfrist von acht Tagen[214].

Allgemein wird man hinsichtlich der Beibringungsfristen sagen können, daß diese um so großzügiger bemessen sein müssen, je aufwendiger es für die Unterstützer ist, ihre Unterschrift ordnungsgemäß zu leisten (s.o. b). Auf der anderen Seite dürfte die Verlängerung der Fristen über ein gewisses Maß hinaus den Wahlvorschlagsträgern aber kaum noch Vorteile bringen: Außerhalb der Wahlkampfzeit werden sich Unterstützer noch schwerer finden und mobilisieren lassen.

d) Zusätzliche Quoren in der Aufstellungsversammlung

Das Kommunalwahlrecht Bayerns sieht neben den Unterschriftenquoren zum Wahlvorschlag ein weiteres Quorum für das Protokoll der sog. Aufstellungsversammlung vor: Hier haben Parteien zwei, sonstige Wählergruppen zehn Unterschriften beizubringen[215]. Ein zwingender Grund für diese Differenzierung ist kaum zu finden (s.o. a–c). Wenn man sie aber für zulässig hält, stellt sie eine weitere Erschwerung dar, die „das Unterschriftenquorum" als Gesamtregelung verschärft[216].

e) Verhältnismäßigkeit der Gesamtregelung

In den beiden vorigen Abschnitten ist bereits angeklungen, daß es bei der Prüfung der Zulässigkeit von Unterschriftenquoren nicht damit getan sein

---

[212] BVerfGE 82, 353 (368)*; s. aber auch das Sondervotum *Winter*, a.a.O. S. 378: Das Quorum solle nur dem Nachweis einer schon vorhandenen Anhängerschaft dienen, nicht deren Werbung; demgegenüber aber BVerfGE 89, 291 (301) – Bundestag / Wahlprüfung.

[213] VG Ansbach, Beschl. v. 17.7.1995 – AN 4 E 95.01020, S. 5 f.

[214] Siehe Anhang B 3 Saarland unter e.

[215] Art. 26 III GLKrWG, für rechtmäßig erklärt von BayVerfGH v. 18.7.1995*, sub V 2 e = BayVBl. 1995, 627; s.a. BayVerfGH 13, 1 (2, 7–9)*, wo die Diskriminierung noch krasser war. — Milder § 18 II RhPfKWG: fünf zusätzliche Teilnehmerunterschriften.

[216] Dazu bereits *Grundmann* (FN 34), S. 79.

kann, die *einzelnen* beeinträchtigenden Elemente je für sich auf ihre Rechtfertigung hin zu überprüfen. Berücksichtigt werden muß vielmehr auch die *kumulative Wirkung* der Vorschriften über Höhe, Form und Frist der Unterschriftenquoren. Eine Regelung etwa, die an jedem der Einzelpunkte bis hart an die Grenze des Zulässigen geht, dürfte insgesamt verfassungswidrig, weil unverhältnismäßig sein. Die Rechtsprechung scheint eine solch abschließende Gesamtbetrachtung freilich nicht für notwendig zu halten[217].

f) Beachtlichkeit von Sperrklauseln?

Man könnte schließlich erwägen, ob es für die Verfassungsmäßigkeit von Unterschriftenquoren von Bedeutung ist, ob es im entsprechenden Kommunalwahlrecht eine Sperrklausel gibt, die *nach* der Wahl die Splittergruppen ausliest[218]. Nach der hier vertretenen Ansicht ist das nicht der Fall: Das einzig legitime Ziel von Zulassungsbeschränkungen, insbesondere Unterschriftenquoren, ist die Praktikabilität des Wahlvorganges, und etwas anders zu sichern sind sie auch nicht geeignet, wenn sie nicht gegen das Übermaßverbot verstoßen sollen (s.o. III 3). Ziel von Sperrklauseln ist es hingegen, die Zersplitterung der Mandate innerhalb des zu wählenden Vertretungsorgans zu verhindern. Beides hat im Grunde nichts miteinander zu tun[219], und so machen denn auch weder Zulassungsbeschränkungen die Sperrklauseln überflüssig noch Sperrklauseln die Zulassungsbeschränkung[220]. Keinesfalls dürfen aber Zulassungsbeschränkungen die Sperrklausel vorwegnehmen und höhere Hürden errichten, als es diesen erlaubt wäre.

---

[217] Sie fehlt jedenfalls in BayVerfGH v. 18.5.1995* = BayVBl. 1995, 624.

[218] Vgl. BVerfGE 3, 383 (387, 393 f.)* – Landtag; BayVerfGH v. 18.7.1995*, sub V 2 d cc bbb = BayVBl. 1995, 627.

[219] So auch BayVerfGH 3, 115 (127)* – Landtag: „andersgeartete Tatbestände"; vgl. auch BVerfGE 4, 375 (381)* – Landtag. In der Literatur wie hier *Grundmann* (FN 34), S. 76 f., mit Kritik an OVG Lüneburg, OVGE 2, 187*; *Hubert Meyer* (FN 95), S. 198.

[220] Nochmals BVerfGE 6, 84 (98 f.) – Bundestag / Bayernpartei.

V. Prozessuales

In prozessualer Hinsicht bietet das kommunale Wahlvorschlagsrecht gewisse Probleme im Hinblick auf die richtigen Verfahrensarten. Einiges davon wurde bereits erwähnt (s.o. I 2 a–c). Ergänzend ist auf folgendes hinzuweisen:

1. Bundes- und Landesverfassungsrecht

Grundsätzlich kann die Beeinträchtigung des kommunalen Wahlvorschlagsrechts sowohl Landes- als auch Bundesverfassungsrecht verletzen. Grundsätzlich ist daher neben einem Landesverfassungsstreit auch ein Verfahren vor dem Bundesverfassungsgericht möglich. Zu beachten ist dann allerdings die Subsidiaritätsklausel des Art. 93 I Nr. 4 GG: Ist in einem Landesorganstreit der Rechtsweg zu den Verwaltungsgerichten oder zur Landesverfassungsgerichtsbarkeit gegeben, so scheidet der Weg nach Karlsruhe aus[221]. Bedeutung hat das vornehmlich für den Rechtsschutz der politischen Parteien, vorausgesetzt, man betrachtet sie auch im Kommunalwahlrecht als „Staatsorgan"; damit zum nächsten Punkt.

2. Politische Parteien: Verfassungsbeschwerde oder Organstreit?

Nach einer frühen Plenarentscheidung des Bundesverfassungsgerichts können Parteien eine Verletzung ihrer Rechte durch die Gestaltung des Wahlrechts nicht im Wege der Verfassungsbeschwerde, sondern nur im Organstreit geltend machen[222]. Das soll, nach einer weiteren frühen Entscheidung, auch für das Kommunalwahlrecht gelten[223]. Begründet wurde dies im wesentlichen damit, daß die Parteien unter dem Grundgesetz nicht nur soziologisch, sondern auch rechtlich relevante Organisationen geworden seien; ihr Status als „verfassungsrechtliche Institution" führe dazu, daß die Verfassungsbeschwerde für sie „nicht das adäquate prozessuale Mittel" sei[224]. Auch im kommunalen Bereich hätten sie mittlerweile so stark „Fuß gefaßt", daß sie auch dort „um ihr Recht auf Teilhabe am Verfassungsleben" kämpften[225].

---

221 Beispiel: BVerfGE 6, 367 (374 f.)* – Kommunalwahl.

222 BVerfGE 4, 27.

223 BVerfGE 6, 367 (372, 375)*.

224 BVerfGE 4, 27 (28, 31).

225 BVerfGE 6, 367 (373)* unter Rückgriff auf BVerfGE 6, 104*; dagegen mit Recht BVerfGE 11, 351 (365)*.

Diese Rechtsprechung ist abzulehnen schon bei Parlamentswahlen[226]. Noch fraglicher erscheint sie im kommunalen Bereich jedenfalls dann, wenn man zumindest in Betracht zieht, daß kommunale Organe sich auf Grundrechte oder grundrechtsähnliche Gewährleistungen berufen könnten[227]. Zudem bietet sie den Parteien auch kaum einen Vorteil: Könnten diese nämlich die Verletzung von Grundrechten rügen, hier des Art. 3 GG, so stünde ihnen neben dem Weg zu den Landesverfassungsgerichten auch die Verfassungsbeschwerde nach Art. 93 I Nr. 4a GG offen. Eine solch „zweite Instanz" sollte für kleine Parteien, die um ihr Recht auf Teilhabe an Kommunalwahlen kämpfen, nicht von vornherein ausgeschlossen werden. Zumindest ist kein sachlicher Grund dafür ersichtlich, daß der Aktivbürger diese Möglichkeit doppelten verfassungsgerichtlichen Rechtsschutzes hat, eine politische Partei aber nicht.

Die frühe Ansicht des Bundesverfassungsgerichts, die Parteien seien auch im kommunalen Bereich Staatsorgan, ist denn vor einiger Zeit auch bereits für nicht mehr vertretbar erklärt worden[228]. Nichtsdestoweniger hat die 3. Kammer des Zweiten Senats sie jetzt, als „ständige Rechtsprechung", in einem Verfahren des einstweiligen Rechtsschutzes wieder aufgegriffen[229]. Folglich erschien für das Hauptsacheverfahren die Verfassungsbeschwerde der Partei unzulässig, und weil das angeblich allein in Betracht kommende Organstreitverfahren verfristet war[230], blieb ihr Antrag ohne Erfolg.

Dieser Entscheidung sollte nicht allzu viel Gewicht beigemessen werden. Sie stammt lediglich von einer Kammer, sie erging nach nur summarischer Prüfung, sie erwähnt die Gegenansicht mit keinem Wort, und der hier problematische Inhalt gehört nicht zu den tragenden Gründen: Denn selbst wenn ein Hauptsacheverfahren zulässig gewesen wäre, hätte man über die einstweilige Anordnung nicht anders entschieden[231].

---

[226] Ganz h.L., z.B. *Henke* (FN 29), S. 279 ff., 286 ff.; *Tsatsos/Morlok*, Parteienrecht, 1982, S. 127 ff.; jeweils mit Hinweis auf den Einfluß von *Leibholz* (s.o. FN 24) sowohl *Kunig*, in: HdbStR II (1987), § 33 RN 81–84, als auch *Maurer*, JuS 1991, 881 (888 f.); s. ferner *dens.*, JuS 1992, 296 (296–298); *Schlaich*, Das Bundesverfassungsgericht, 3. Aufl. 1994, RN 84; *Mauersberger*, Die Freiheit der Parteien, 1994, S. 144 ff. — *Pestalozza*, Verfassungsprozeßrecht, 3. Aufl. 1991, § 7 RN 12, hält das Ergebnis des BVerfG für „vertretbar", er will dann aber auch den einzelnen Aktivbürger im Organstreit parteifähig sehen, soweit es um Wahlen und Abstimmungen geht.

[227] So BVerfGE 78, 344 (347 f.) – Bürgermeister von Stade.

[228] *Clemens*, in: *Umbach/Clemens* (FN 20), §§ 63, 64 RN 100, 120; Begründung: Es handle sich hier nicht mehr um ein verfassungsrechtliches (Rechts-)Verhältnis.

[229] BVerfG, LKV 1994, 403 (404)*.

[230] § 73 II i.V.m. § 64 III BVerfGG: sechs Monate seit Bekanntwerden; demgegenüber § 93 II BVerfGG: ein Jahr seit Inkrafttreten.

[231] BVerfG, LKV 1994, 403 (404 f.).

Schlußbemerkung

Der „Parteienstaat" der Bundesrepublik Deutschland ist bekanntlich in die Kritik geraten. Das Vertrauen in die politischen Parteien, das etwa in den frühen Entscheidungen des Bundesverfassungsgerichts noch deutlich zu spüren ist, ist jedenfalls merklich geschwunden, und ihre Ernsthaftigkeit – oder im Fremdwort: ihre Seriosität – im Hinblick auf das Gemeinwohl wird durchaus in Zweifel gezogen.

Durch den Verlust des Vertrauens in die „etablierten" politischen Parteien ist es in der Gesellschaft zu Gegenströmungen gekommen. Es sind „alternative" Kräfte aufgetreten, angefangen bei „Bürgerbewegungen", die sich teilweise von der Bewegung zur neuen Partei fortentwickelt haben, bis hin zu dem Paradox einer Partei, die „statt" der Parteien gewählt werden will. Von diesen Gegenströmungen sind sicherlich nicht alle ganz ernst gemeint, sind manche eher Ausdruck des Protestes oder gar Persiflage, andere wiederum trotz subjektiver Ernsthaftigkeit schwerlich ernst zu nehmen. Wenn sie sich aber zu einer demokratischen Wahl stellen, dann muß über ihren Ernst und Wert der Wähler entscheiden: Demokratie lebt wie die Evolution und die Wissenschaft nicht von Ewigkeitslösungen, sondern von immer neuen „Alternativen"[232]; daß einige davon unsinnig sind, gehört dazu, und daß sich die „richtigen" durchsetzen, läßt sich nicht garantieren. Es läßt sich aber auch nicht garantieren, daß die bislang bewährten Kräfte für alle Zukunft die richtigen sind. Das ist der Grund, weshalb die „etablierten" Kräfte nicht vor Konkurrenz geschützt werden dürfen.

All das gilt auch für Wahlvorschläge auf kommunaler Ebene. Auch dort ist Viel*falt* kein Übel, sondern wünschenswert. Eine Viel*zahl* ist es erst dann, wenn sie organisatorisch nicht mehr zu bewältigen ist. Man wird freilich dem Argument, die Zahl der Wahlvorschläge müsse um der Übersichtlichkeit willen begrenzt werden, gelegentlich etwas Mißtrauen entgegenbringen dürfen. Es wirkt jedenfalls dann wenig glaubwürdig, wenn dieselben Parteien, die die Vielzahl von Wahlvorschlägen beklagen, ihrerseits mit zusätzlichen „Tarnlisten" antreten[233].

---

[232] S. nochmals *Zippelius* (FN 126), § 23 II 4.

[233] Großzügig insoweit BayVerfGH 46, 21 = BayVBl. 1993, 206 ff. mit zutr. abw. Meinung BayVBl. 1993, 239 ff.; BayVerfGH, BayVBl. 1993, 336 (Ls.) mit im Ergebnis zust. Sondervotum; BayVerfGH, BayVBl. 1993, 621 (Ls.) nochmals mit abw. M.; *Schmitt Glaeser/Horn*, BayVBl. 1994, 289 (294 ff.); *Horn*, BayVBl. 1995, 353 (357).

Anhang A: Zusammenstellung der Judikatur

— Übersicht —

I. Bundesverfassungsgericht

1. Parlamentswahlen

BVerfGE 3, 19 – Bundestag / Unterschriftenquoren; GVP
BVerfGE 3, 383 – Landtag NRW / Unterschriftenquoren; GB / BHE u.a.
BVerfGE 4, 375 – Landtag BW / Unterschriftenquoren / ; GVP
BVerfGE 5, 77 – Bundestag / Unterschriftenquoren; Parteien und Wahlberechtigte
BVerfGE 12, 132 – Saarl. Landtag / Unterschriftenquoren; DRP
BVerfGE 41, 399 – Bundestag / Wahlkampfkosten; Einzelbewerber

2. Kommunalwahlen

BVerfGE 6, 104 – Kommunalwahl NRW / 5%-Klausel; Landesregierung
BVerfGE 6, 121 – Kommunalwahl NRW / Unterschriftenquoren; FSU
BVerfGE 6, 367 – Kommunalwahl BW / Organstreit; Zentrumspartei
BVerfGE 11, 266 – Saarl. Kommunalwahl / Rathausparteien
BVerfGE 11, 351 – Kommunalwahl NRW / Listenprivileg
BVerfGE 12, 10 – Nds. Kommunalwahl / Unterschriftenquoren; UWG Wolfenbüttel
BVerfGE 12, 33 – Saarl. Kommunalwahl / Unterschriftenquoren; Einzelbewerber
BVerfGE 12, 135 – Kommunalwahl NRW / Unterschriftenquoren; GB / BHE
BVerfG, LKV 1994, 403 – Sächs. u. Thür. Kommunalwahl / Unterschriftenquoren; Einstweilige Anordnungen

3. Sonstige Wahlen

BVerfGE 30, 227 – Sozialversicherungsträger / Unterschriftenquoren
BVerfGE 60, 162 – Brem. Personalvertretung / Unterschriftenquoren
BVerfGE 71, 81 – Brem. Arbeitnehmerkammern / Wahlvorschlagsmonopol

II. Gerichte der Länder

1. Bayerischer Verfassungsgerichtshof

BayVerfGH 3, 115 – Landtagswahl / Unterschriftenquoren
BayVerfGH 5, 66 – Kommunalwahl / Sperrklausel
BayVerfGH 6, 65 – Kommunalwahl / Unterschriftenquoren
BayVerfGH 13, 1 – Kommunalwahl / Unterschriftenquoren
BayVerfGH v. 18.7.1995 – Kommunalwahl / Unterschriftenquoren

2. Gerichte der anderen Länder

OVG Lüneburg, OVGE 2, 187 – Landtagswahl / Unterschriftenquoren
HessStGH, ESVGH 11 II, 10 – Kommunalwahl / Unterschriftenquoren
HessStGH, ESVGH 11 II, 13 – Landtagswahl / Unterschriftenquoren
BWStGH, ESVGH 11 II, 8 – Landtagswahl / Unterschriftenquoren
WPG, OVGE Bln. 13, 244 – Abgeordnetenhaus / Listenprivileg
WPG, OVGE Bln. 14, 262; 14, 269 – Abgeordnetenhaus / Unterschriftenquoren
OVG MV, DÖV 1995, 293 – Kommunalwahl / Unterschriftenquoren

— Die Fälle im einzelnen —

In der Judikatur zum Wahlvorschlagsrecht nimmt das *BVerfG* auch auf kommunaler Ebene die zentrale Stellung ein. Die Rechtsprechung anderer Gerichte tritt demgegenüber zurück und weicht jedenfalls nicht ausdrücklich von den Karlsruher Vorgaben ab.

I. Entscheidungen des BVerfG

In der Judikatur des *BVerfG* steht wiederum das Kommunalrecht zeitlich und sachlich gleichsam in der Mitte: Zunächst übertrug das Gericht die Grundsätze, die es für Parlamentswahlen entwickelt hatte (1), auf kommunale Wahlvorschläge (2); die in dieser Weise fortentwickelten Grundsätze wurden sodann auf weitere öffentlich-rechtliche Wahlen erstreckt und dabei wiederum weiterentwickelt (3).

1. Parlamentswahlen (Bundestag, Landtage)

a) *BVerfGE* 3, 19 – Bundestag[1]; Verfassungsbeschwerden der Gesamtdeutschen Volkspartei (GVP) sowie einiger ihrer Mitglieder und potentieller Wähler; zulässig und begründet. — Nach § 26 I BWahlG mußten die Wahlvorschläge von Parteien, die nicht im Bundestag oder einem der Landesparlamente vertreten waren, von mindestens 500 Wahlberechtigten persönlich und handschriftlich unterzeichnet werden. — Das *BVerfG* griff zur Begründung zurück auf die Rechtsprechung des *StGH* für das Deutsche Reich. Dieser hatte bei einer Wahlkreisgröße von durchschnittlich 1.400.000 Wahlberechtigten ein Quorum von 500 Unterschriften als Höchstgrenze angesehen[2]. Da in der Bundesrepublik Wahlkreise von durchschnittlich 140.000 Einwohnern bestanden, erschien das alte Quorum zu hoch.

b) *BVerfGE* 3, 383 – Nordrhein-Westfalen[3]; Verfassungsbeschwerden u.a. des Gesamtdeutschen Bundes (GB / BHE); zulässig, aber unbegründet. — Das Landtagswahl-

---

[1] BVerfG, Urt. v. 1.8.1953 – 1 BvR 281 / 53 –.

[2] StGH, Entsch. v. 17.12.1927 – 6 / 27 –, in: *Lammers / Simons*, Die Rechtsprechung des Staatsgerichtshofs für das Deutsche Reich etc., Bd. I, S. 398 (409) = RGZ 118, Anh. S. 22 (37 f.); gleichlautend und vom gleichen Tag die Entscheidungen 8 / 27, a.a.O. S. 341 (350 f.); 12 / 27, a.a.O. S. 329 (339 f.). S. auch die Entscheidungen vom 22.6.1928 – 3 / 28 –, a.a.O. S. 356 f.; vom 7.7.1928 – 1 / 28 –, a.a.O. S. 321 (325 f.).

[3] Urt. v. 3.6.1954 – 1 BvR 183 / 54 –.

gesetz verlangte für Wahlvorschläge von Parteien, die nicht im Landtag vertreten waren, die Unterschriften von mindestens 100 Wahlberechtigten pro Wahlkreis; die Wahlkreisgröße lag bei 60.000 Wahlberechtigten. — Zwar lag das Quorum um das 4,3 fache über dem der Rspr. des *StGH*. Angesichts des anderen Wahlsystems erschien dies aber gerechtfertigt. Gerechtfertigt erschien ferner, daß vom Unterschriftenquorum nicht auch solche Parteien ausgenommen wurden, die – wie der GB – im Bundestag vertreten waren.

c) *BVerfGE* 4, 375 – Baden-Württemberg[4]; Landesverfassungsstreit gem. Art. 93 I Nr. 4 GG auf Antrag der GVP; zulässig, aber unbegründet. — Nach dem Landtagswahlgesetz mußten Parteien, die nicht im Landtag vertreten waren, die Unterschriften von 150 Wahlberechtigten pro Wahlkreis beibringen; die Wahlkreisgröße lag bei rund 67.000 Wahlberechtigten. — *Prozessual* ist bedeutsam: Seit *BVerfGE* 4, 27 – Landtag Schleswig-Holstein[5] – konnten politische Parteien nicht mehr via Verfassungsbeschwerde, sondern nur noch im Organstreit „die Verletzung ihres verfassungsrechtlichen Status durch die rechtliche Gestaltung des Wahlverfahrens" geltend machen[6]. Da Art. 94 I Nr. 1 GG einen Bundesorganstreit voraussetzt, kam nur Art. 94 I Nr. 4 GG in Betracht. Im Nebeneffekt ging damit die Zuständigkeit vom Ersten auf den Zweiten Senat über. — *Materiell-rechtlich* legte sich das *BVerfG* sehr klar auf eine *Obergrenze der Unterschriftenquoren* fest: 150 Unterschriften bei 67.000 Wahlberechtigten ergäben eine Quote von 0,25%, und diese bilde für Wahlvorschläge die „äußerste Grenze"[7].

d) *BVerfGE* 5, 77 – Bundestag[8]; Verfassungsbeschwerden von Parteien und wahlberechtigten Bürgern. Beide wendeten sich gegen das BWahlG insoweit, als dieses für die Wahlvorschläge „neuer" Parteien sowie parteiloser Kandidaten ein Quorum von 500 Unterschriften verlangte. — Die Verfassungsbeschwerden der Parteien waren wegen *BVerfGE* 4, 27 unzulässig (s.o. unter c), die der Wahlberechtigten offensichtlich unbegründet: Die ungleiche Behandlung parteiloser Bewerber gegenüber den Parteien sei gerechtfertigt, weil nur bei diesen „schon ihrem Begriff nach eine gewisse Anhängerschaft vorausgesetzt werden" dürfe[9].

e) *BVerfGE* 12, 132 – Saarland[10]; Verfassungsbeschwerden der Deutschen Reichspartei und ihres Vorsitzenden; offensichtlich unzulässig (Partei), im übrigen offensichtlich unbegründet. — Das Landtagswahlgesetz verlangte die Unterschriften von 300 Wahlberechtigten, die Unterschriftsleistung war polizeilich zu beglaubigen. — Da das Quorum 0,18 bis 0,26% der Wahlberechtigten entsprach, hielt das *BVerfGE* es für gerechtfertigt; auch das Erfordernis der Beglaubigung wurde nicht beanstandet.

f) *BVerfGE* 41, 399 – Bundestag / Wahlkampfkostenerstattung[11]; Verfassungsbeschwerde eines Einzelbewerbers; zulässig und begründet. — Das Parteiengesetz sah vor, daß nur politischen Parteien die notwendigen Kosten des Wahlkampfes ersetzt

---

4 Urt. v. 6.2.1956 – 2 BvH 1 / 55 –.

5 BVerfG, Beschl. des Plenums v. 20.7.1954 – 1 PBvU 1 / 54 –.

6 So die Entscheidungsformel, BVerfGE 4, 27.

7 BVerfGE 4, 375 (386).

8 Urt. v. 13.6.1956 – 1 BvR 315, 309, 286 / 53 –.

9 BVerfGE 5, 77 (82).

10 Beschl. v. 25.1.1961 – 2 BvR 582 / 60 – (Ausschuß nach § 91a BVerfGG).

11 Beschl. v. 9.3.1976 – 2 BvR 89 / 74 –.

würden. — Die Regelung war verfassungswidrig, weil Art. 38 GG eine Monopolisierung des Wahlvorschlagsrechts durch die Parteien verbiete, folglich auch eine unangemessene Benachteiligung kleinerer Gruppen „im Vorfeld der Wahl"[12].

g) Nur kurz erwähnt sei schließlich *BVerfGE* 82, 353 – Erste gesamtdeutsche Wahl / Einstweilige Anordnung[13]. Die Entscheidung ist aufgrund der historisch einmaligen Situation kaum verallgemeinerungsfähig.

2. Kommunalwahlen

a) *BVerfGE* 6, 104 – Nordrhein-Westfalen[14]; abstrakte Normenkontrolle auf Antrag der Landesregierung; zulässig und begründet. — Das Urteil erging zwar nicht zum Wahlvorschlagsrecht, sondern zu der Frage, ob auch im Kommunalwahlrecht eine 5%-Sperrklausel gerechtfertigt sein könne. Weil das Gericht dies „unter dem Gesichtspunkt der Gewährleistung eines störungsfreien Funktionierens der Selbstverwaltung"[15] bejahte und dieser Gesichtspunkt später auf das Wahlvorschlagsrecht übertragen wurde, muß die Entscheidung jedoch auch hier erwähnt werden.

b) *BVerfGE* 6, 121 – Nordrhein-Westfalen[16]; Verfassungsbeschwerde eines Mitgliedes der Freien Sozialen Union (FSU); im hier interessierenden Bereich unbegründet. — Das Kommunalwahlgesetz von 1954 sah u.a. vor, daß Wahlvorschläge nichtetablierter Parteien und parteiloser Bewerber Unterstützungsunterschriften beibringen müßten, und zwar in Wahlbezirken bis zu 5.000 Einwohnern 5 Unterschriften, bis zu 10.000 Einwohnern 10, darüber 20 Unterschriften. — Die Zulassungsbeschränkungen gingen nach Ansicht des *BVerfG* nicht über das zulässige Maß hinaus.

c) *BVerfGE* 6, 367 – Baden-Württemberg[17]; Landesverfassungsstreit (Art. 93 I Nr. 4 GG) auf Antrag der Zentrumspartei; unzulässig. — Zur Beurteilung hätten Quoren von 10 bis 250 Unterschriften (sechsfach gestaffelt, beginnend mit Gemeinden bis zu 3.000 und endend mit solchen über 200.000 Einwohnern) gestanden. Die Verfassungsbeschwerde erschien jedoch unzulässig: Parteien könnten zwar auch dann, wenn sie sich durch das Wahlrecht zu *Gemeinde*wahlen verletzt sähen, (nur) einen Organstreit anhängig machen (s.o. 1 c). Für einen Organstreit im vorliegenden Fall sei aber allein der baden-württembergische StGH zuständig.

d) *BVerfGE* 11, 266 – Saarland / „Rathausparteien"[18]; Verfassungsbeschwerden eines Wahlbewerbers und eines Wählers; zulässig und begründet. — Wahlvorschläge zu Kommunalwahlen konnten nur von politischen Parteien i.S.d. Art. 21 GG aufgestellt werden, nicht also von lokalen Wählervereinigungen. — Das *BVerfG* sah den

---

[12] BVerfGE 41, 399 (416 f., 421); die letzte Formulierung aufgegriffen in BVerfGE 71, 81 (97)* – Arbeitnehmerkammern.

[13] BVerfG, Beschl. v. 17.10.1990 – 2 BvE 6, 7 / 90 –: Von der Pflicht zur Beibringung von Unterstützungsunterschriften wurden befreit: in den neuen Ländern alle Parteien, in den alten Ländern diejenigen, die in der vorherigen Bundestagswahl mindestens 75.000 Zweitstimmen erhalten hatten.

[14] Urt. v. 23.1.1957 – 2 BvF 3 / 56 –.

[15] BVerfGE 6, 104 (Leitsatz).

[16] Urt. v. 23.1.1957 – 2 BvR 6 / 56 –.

[17] Beschl. v. 7.5.1957 – 2 BvH 1 / 56 –.

[18] Beschl. v. 12.7.1960 – 2 BvR 373, 442 / 60 –.

Gleichheitssatz verletzt: Das Grundgesetz wolle nicht den „radikal zu Ende gedachten“ Parteienstaat, sondern habe ihm Gegengewichte gesetzt in Art. 38 GG[19], aber auch in Gestalt der kommunalen Selbstverwaltung (Art. 28 II GG). Die kommunalen Wahlkörperschaften dürften daher nicht ausschließlich den Parteien vorbehalten werden.

e) *BVerfGE* 11, 351 – Nordrhein-Westfalen / „Listenprivileg“[20]; Verfassungsbeschwerde eines Einzelbewerbers; zulässig und begründet. — Das Kommunalwahlgesetz erlaubte nur politischen Parteien, Reservelisten aufzustellen; dadurch erhielten die für sie abgegebenen Stimmen einen höheren Erfolgswert. — Die Regelung erschien verfassungswidrig, weil Art. 28 II GG die Gleichstellung örtlicher Wählervereinigungen und politischer Parteien fordere; sie verletzte den Bf. daher in seinem Recht aus Art. 3 GG.

f) *BVerfGE* 12, 10 – Niedersachsen[21]; Verfassungsbeschwerde eines Mitgliedes der Unabhängigen Wählergemeinschaft (UWG) Wolfenbüttel; zulässig und begründet. — Das Kommunalwahlrecht befreite von der Unterschriftenbeibringung für Wahlvorschläge nur solche Parteien, die im Landtag oder Bundestag vertreten waren, nicht also Parteien oder Wählergruppen, die in der vorangegangenen *Kommunal*wahl Erfolg hatten. — Die Regelung verstieß gegen den Gleichheitssatz des Art. 3 GG.

g) *BVerfGE* 12, 33 – Saarland[22]; Verfassungsbeschwerde des Landesleiters des „Bundes der Deutschen“; offensichtlich unbegründet. — Für Wahlvorschläge waren erforderlich: in Gemeinden bis zu 150 Einwohnern die Unterschriften von 5 Wahlberechtigten; in solchen bis zu 500 Einwohnern die von 15; in den übrigen entsprach die Höhe des Quorums der dreifachen Zahl der zu wählenden Gemeinderäte. Die Unterschriften waren persönlich beim Wahlleiter zu leisten. Befreit waren Parteien und Gruppen, die schon im Gemeinderat vertreten waren.

h) *BVerfGE* 12, 135 – Nordrhein-Westfalen[23]; Verfassungsbeschwerde eines Kandidaten des Gesamtdeutschen Bundes (GB / BHE); offensichtlich unbegründet. — Zur Prüfung standen folgende Quoren: 5 Unterschriften in Wahlbezirken bis 5.000 Einwohner, 10 in Bezirken bis 10.000, 20 in allen übrigen. Befreit waren Parteien, die in der zu wählenden kommunalen Vertretung, im nordrhein-westfälischen Landtag oder, aufgrund eines Wahlvorschlages aus dem Land, im Bundestag vertreten waren; die Präsenz im Parlament eines anderen Landes zählte hingegen nicht.

i) *BVerfG*, *LKV* 1994, 403 – Sachsen: Verfassungsbeschwerde und Antrag auf einstweilige Anordnung eines Einzelbewerbers; Thüringen: Verfahren des vorläufigen Rechtsschutzes auf Antrag einer Partei[24]; jeweils erfolglos; beide Verfahren wurden nicht weiter betrieben. — Das sächsische Kommunalwahlgesetz verlangte für Wahlvorschläge zum Bürgermeisteramt ein Quorum von Unterstützungsunterschriften; die-

---

[19] Hierauf nimmt denn auch BVerfGE 41, 399 (416) Bezug (s.o. unter 1 f).

[20] Urt. v. 2.11.1960 – 2 BvR 504 / 60 –.

[21] Urt. v. 15.11.1960 – 2 BvR 536 / 60 –; vorausgegangen war eine einstweilige Anordnung (Beschl. v. 5.10.1960 – 2 BvR 536 / 60 = BVerfGE 11, 306).

[22] Beschl. v. 22.11.1960 – 2 BvR 606 / 60, 2 BvQ 12 / 60 – (Ausschuß gem. § 91a BVerfGG).

[23] Beschl. v. 7.2.1961 – 2 BvR 45 / 61, 2 BvQ 1 / 61 – (Ausschuß gem. § 91a BVerfGG).

[24] BVerfG (3. Kammer des Zweiten Senats), Beschl. v. 29.4.1994 – 2 BvR 831 / 94, 2 BvQ 15 / 94.

se waren beim Vorsitzenden des Wahlausschusses zu leisten. — Nach dem thüringischen Kommunalwahlgesetz mußten Wahlvorschläge von zehn Wahlberechtigten unterschrieben werden, die Wahlvorschläge von Parteien oder Wählergruppen, die nicht im Bundestag, Landtag, Kreistag oder Gemeinderat vertreten waren, zusätzlich von viermal so vielen Wahlberechtigten, wie Gemeinderatsmitglieder zu wählen waren. — Die Beschwerde des Einzelbewerbers war weder unzulässig noch offensichtlich unbegründet, rechtfertigte aber nicht den Erlaß der einstweiligen Anordnung. Der Antrag der Partei erschien unzulässig, weil sie ihre Rechte im Organstreit geltend machen müsse, im übrigen aber auch unbegründet.

3. Sonstige Wahlen (Sozialversicherungsträger, Personalrat, Arbeitnehmerkammern)

a) *BVerfGE* 30, 227 – Sozialversicherungsträger[25]; Verfassungsbeschwerden von Wahlbewerbern sowie konkrete Normenkontrolle; zulässig und begründet. — Bei den Wahlen zu den Selbstverwaltungsorganen der Sozialversicherung bedurften die Wahlvorschläge der Gewerkschaften keiner Unterschriftenquoren, und zwar auch dann nicht, wenn die Gewerkschaft bisher keinen Sitz in der Vertreterversammlung hatte. Die Wahlvorschläge nicht-etablierter sonstiger Arbeitnehmervereinigungen mußten hingegen von 5 bis 1000 Wahlberechtigten unterzeichnet werden. — Mangels sachlichen Grundes verletzte diese Differenzierung Art. 3 GG.

b) *BVerfGE* 60, 162 – Personalvertretung[26]; Normenkontrolle auf Vorlage des VG Bremen; zulässig und begründet. — Das bremische Recht verlangte für jeden Wahlvorschlag zum Personalrat die Unterschriften von einem Zehntel der wahlberechtigten Gruppenangehörigen. — Die Entscheidung faßt die Grundsätze zu den „allgemeinen politischen Wahlen" zusammen und überträgt sie auf das Personalvertretungsrecht. Weil im konkreten Fall auch unter Berücksichtigung der Natur des Sachbereichs kein zwingender Grund für die hohen Quoren zu finden war, verletzte die Regelung Art. 3 GG.

c) *BVerfGE* 71, 81 – Bremische Arbeitnehmerkammern[27]; Normenkontrolle auf Vorlage des VG Bremen; zulässig und begründet. — Bei der Wahl zu den Arbeitnehmerkammern konnten Wahlvorschläge nur von solchen Gewerkschaften und sonstigen Gruppierungen eingereicht werden, „die für das Arbeitsleben im Lande Bremen erhebliche Bedeutung haben"; zudem wurde ein Quorum von 500 Unterschriften verlangt. — Das *BVerfG* verwarf diese Privilegierung der etablierten Kräfte.

II. Gerichte der Länder

Neben der Rechtsprechung des *BVerfG* hatte vor allem die des *BayVerfGH* grundlegende Bedeutung; die Gerichte der anderen Länder[28] traten demgegenüber bislang zurück.

---

[25] Beschl. v. 24.2.1971 – 1 BvR 438, 456, 484/68, 1 BvL 40/69 –.

[26] Beschl. v. 23.3.1982 – 2 BvL 1/81 –.

[27] Beschl. v. 22.10.1985 – 1 BvL 44/83 –.

[28] Nur der Vollständigkeit halber: Das *BVerwG* hat zuletzt am 29.5.1959 zum kommunalen Wahlvorschlagsrecht entschieden, s.o. im Hauptteil FN 154; s. auch BVerwGE 6, 96; 6, 333.

1. Bayerischer Verfassungsgerichtshof

Der *BayVerfGH* nahm bereits vor dem *BVerfG* zu Fragen des Wahlvorschlagsrechts Stellung, und zwar sowohl im parlamentarischen als auch im kommunalen Bereich[29].

a) *BayVerfGH* 3, 115 – Landtagswahl / Unterschriftenquoren[30]; obwohl die Entscheidung Parlamentswahlen betrifft, kann sie wegen ihrer grundsätzlichen Bedeutung für das Wahlvorschlagsrecht nicht übergangen werden. — Wahlvorschläge von politischen Parteien oder sonstigen Wählergruppen mußten von 500 Wahlberechtigten unterzeichnet werden; die Bewerber selbst durften nicht unterschreiben. 20 Unterschriften genügten, „wenn glaubhaft gemacht wird, daß mindestens 500 Stimmberechtigte den Wahlkreisvorschlag unterstützen". Die Praxis hielt dies für glaubhaft, wenn die Parteien oder Wählergruppen „in einer vorhergehenden vergleichbaren Wahl schon eine entsprechende Stimmenzahl auf sich vereinigen konnten"[31]. Wahlkreislisten (bedeutsam für die Zweitstimmen) durften nur von Parteien oder Gruppen aufgestellt werden, die in mindestens 3 / 4 der Stimmbezirke einen Bewerber zur Wahl stellten. — Der *BayVerfGH* hielt das Quorum für zulässig, weil es zwischen 0,03 und 0,088% der Wahlberechtigten entsprach. Die Ungleichbehandlung der Etablierten und der neuen Gruppierungen hielt man ebenfalls für gerechtfertigt, nicht aber das Listenprivileg der bewerberreichen Gruppierungen.

b) *BayVerfGH* 5, 66 – Kommunalwahl / Sperrklausel[32]. — Die Entscheidung betrifft zwar nicht das Wahlvorschlagsrecht, ist jedoch von Bedeutung wegen der Begründung, mit der die 5%-Klausel im bayerischen Gemeindewahlgesetz von 1952 für verfassungswidrig erklärt wurde: Zwischen Gemeinderat und Landtag bzw. zwischen Kommunalverwaltung und staatlicher „Regierung" bestünden gravierende Unterschiede. Deshalb sei zwar bei Landtagswahlen eine 10%-Sperrklausel berechtigt[33], im Gemeindewahlrecht fehlten jedoch ähnlich *zwingende* Gründe für die Fernhaltung von „Splitterparteien"[34].

c) *BayVerfGH* 6, 65 – Kommunalwahl / Unterschriftenquoren[35]. — Wahlvorschläge durften nach dem Gemeindewahlgesetz von 1952 nur von politischen Parteien aufgestellt werden, ferner von sonstigen Wählergruppen, wenn diese viermal so viele Unterschriften beibrachten, wie ehrenamtliche Gemeinderatsmitglieder zu wählen waren. Die Wahlvorschläge der Parteien benötigten lediglich 10 Unterschriften, in Gemeinden über 10.000 Einwohnern sowie Landkreisen zwanzig. Die Wahlbewerber selbst durften nicht unterschreiben. — Der *BayVerfGH* hielt die Höhe des Quorums für ge-

---

[29] BayVerfGH 3, 115* wird zitiert in BVerfGE 3, 19 (22, 31)*, 3, 383 (396)* und 4, 375 (386)* – Parlamentswahlen. BVerfGE 12, 10 (28 f.)* zitiert BayVerfGH 6, 65* und BayVerfGH 13, 1*. Auf BayVerfGH 5, 66 (75 ff.)* greift BVerfGE 1, 208 (248 f.) – Sperrklausel – zurück.

[30] Entsch. v. 12.10.1950 – Vf. 79-VII-50 –; Verfahrensart: Meinungsverschiedenheit zwischen Mehrheit und Minderheit des bayerischen Landtages.

[31] BayVerfGH 3, 115 (121).

[32] Entsch. v. 18.3.1952 – Vf. 25-VII-52 –; Popularklage.

[33] So BayVerfGH 2, 45 (47 f.).

[34] BayVerfGH 5, 66 (75–77 und Ls. 4); es fällt auf, daß BayVerfGH v. 18.7.1995 = BayVBl. 1995, 624 (unten e) diese Entscheidung nicht herangezogen hat.

[35] Entsch. v. 15.5.1953 – Vf. 31-VII-52 –; Popularklage.

rechtfertigt, ebenso im Grundsatz eine Differenzierung zwischen Parteien und sonstigen Gruppen. Er schränkte diesen Grundsatz freilich, methodisch recht gewagt, in einer Art verfassungskonformer Auslegung ein: Auch sonstige Wählergruppen, die zwar nicht politische Parteien, wohl aber bisher im Gemeinderat vertreten waren, seien „politische Parteien" i.S.d. Gemeindewahlgesetzes[36].

d) *BayVerfGH* 13, 1 – Kommunalwahl / Unterschriftenquoren[37]. — Das Gemeindewahlgesetz von 1959 enthielt hinsichtlich der Unterschriftenquoren im wesentlichen dieselben Regelungen wie das GWG von 1952. Zur Behebung von Mißständen bei der Unterschriftensammlung mußten sich die Wahlberechtigten aber nun persönlich in eine Liste eintragen, die beim Wahlleiter auflag. Zudem mußte das Protokoll der Wahlversammlung, auf der die Kandidaten gekürt wurden, bei Wählergruppen von zweimal so vielen wahlberechtigten Teilnehmern unterzeichnet werden, wie Gemeinderatsmitglieder zu wählen waren (in München somit von 120); bei Parteien reichten 10 Unterschriften. — Der *BayVerfGH* verkannte zwar nicht, daß diese Regelung dem Bestreben der politischen Parteien nach Schutz vor Konkurrenz entgegenkam. Dennoch meinte es, sie ginge „hart an die Grenze des verfassungsrechtlich zulässigen heran", überschreite sie aber nicht[38].

e) *BayVerfGH* v. 18.7.1995 – Gemeinde- und Landkreiswahlgesetz (GLKrWG) von 1994[39], BayVBl. 1995, 624. — Das GLKrWG von 1994 verlangte für die Wahlvorschläge von Parteien und Wählergruppen, die im letzten Gemeinderat oder Kreistag oder im Landtag vertreten waren, die Unterschriften von zehn Wahlberechtigten; die Bewerber selbst durften nicht unterschreiben, jeder Wahlberechtigte durfte nur einen Wahlvorschlag unterzeichnen. „Neue" Wahlvorschlagsträger mußten zusätzlich die Unterschriften von viermal so vielen Wahlberechtigten beibringen, wie Gemeinderäte zu wählen waren. Die Unterschriften waren persönlich vor dem Wahlleiter zu leisten. Das Protokoll der Versammlung, in der die Bewerber aufgestellt wurden (Aufstellungsversammlung), war vom Leiter sowie bei alten Wahlvorschlagsträgern von zwei, bei neuen von zehn Wahlberechtigten zu unterschreiben. — Der *BayVerfGH* hielt sämtliche Regelungen für der bayerischen Verfassung gemäß.

2. Gerichte der anderen Länder

Soweit ersichtlich, liegen weitere obergerichtliche Entscheidungen zu Fragen des Wahlvorschlagsrechts nur aus den folgenden Ländern vor.

a) Schleswig-Holstein. — Das OVG Lüneburg hatte in der sehr frühen Entscheidung *OVGE* 2, 187[40], die auch vom *BVerfG* aufgegriffen wurde[41], Unterschriftenquoren bei der schleswig-holsteinischen Landtagswahl zu beurteilen. Es hielt dafür, daß für die Wahlvorschläge „neuer" Parteien bei etwa 37.500 Wahlberechtigten ein Quorum von 300 Unterschriften (d.s. 0,8%, d. Verf.) zu hoch bemessen sei. Verletzt seien zwar nicht die Grundsätze der Wahlgleichheit und -allgemeinheit sowie der allgemei-

---

[36] BayVerfGH 6, 65 (74).

[37] Entsch. v. 8.2.1960 – Vf. 122-VII-59 –; Popularklage.

[38] BayVerfGH 13, 1 (8 f.).

[39] Entsch. v. 18.7.1995 – Vf. 2, 7, 8, 11-VII-95 –; Popularklagen.

[40] Urt. v. 14.7.1950 – II OVG A 297 / 50.

[41] BVerfGE 3, 19 (31 f.*) – Bundestag; 4, 375 (386)* – Landtag.

ne Gleichheitssatz, wohl aber das Wahlgeheimnis (Art. 28, 38 [!] GG): Ein Fünftel der Wähler, die für die Überwindung der 5%-Klausel nötig seien, müsse seine Wahlabsicht offenbaren.

b) Hessen und Baden-Württemberg. — Der *HessStGH* hielt in zwei sehr frühen, noch vor der Rechtsprechung des *BVerfG* ergangenen Entscheidungen für zulässig: bei Landtagswahlen die Regelung, daß der Kreiswahlvorschlag etablierter Parteien von drei Mitgliedern der Landesleitung zu unterschreiben sei, andere Vorschläge von mindestens 300 Wählern (*ESVGH* 11 II, 13)[42]; bei Kommunalwahlen ein Unterschriftenquorum von 2% der Wahlberechtigten für die Wahlvorschläge „demokratischer Gruppen", während die Wahlvorschläge der Parteien keinen Beschränkungen unterworfen waren (*ESVGH* 11 II, 10)[43]. — Der *BWStGH* ließ 1960, bereits unter Rezeption der Rechtsprechung des *BVerfG*, bei Landtagswahlen ein Quorum von 150 Unterschriften für neue Parteien unbeanstandet (*ESVGH* 11 II, 8)[44].

c) Berlin. — Das *Wahlprüfungsgericht bei dem Abgeordnetenhaus* (im folgenden: *WPG*), *OVGE Bln.* 13, 244[45], erklärte 1975 die Beschränkung des Wahlvorschlagsrechts auf politische Parteien, m.a.W. den Ausschluß unabhängiger Bewerber, für unvereinbar mit Art. 28 I 2 GG[46]: Niemand dürfe ohne zwingenden Grund vom Wahlvorschlagsrecht ausgeschlossen werden, und an einem solchen Grund fehle es hier. Es war dies die erste Entscheidung zu dieser Frage im Bereich der Parlamentswahlen[47]. — Zur Höhe von *Unterschriftenquoren* bei Wahlvorschlägen neuer Bewerber nahm das *WPG* in zwei Entscheidungen von 1979 Stellung (*OVGE Bln.* 14, 262[48]; 14, 269[49]). Nach Analyse der Rechtsprechung des *BVerfG* und des Wahlrechts in Bund und Ländern wurde als Höchstmaß ein Wert von durchschnittlich 0,3% der Wahlberechtigten angesehen (die Wahlkreisgröße lag im Schnitt bei 20.780 Stimmberechtigten). Ein Wert von 0,385% im Durchschnitt und 0,457% im Einzelfall erschien evident fehlerhaft.

d) Mecklenburg-Vorpommern. — Zur Frage von Unterschriftenquoren bei Kommunalwahlen schließlich *OVG MV*, DÖV 1995, 293[50]: Das Kommunalwahlgesetz schrieb für die Wahlvorschläge nicht-etablierter Gruppen, Parteien oder Einzelbewerber Unterschriftenquoren von doppelt so vielen Wahlberechtigten vor, wie Vertreter in den Gemeinderat zu wählen waren; jeder Wähler durfte nur einen Vorschlag unterstützen. In Gemeinden unter 500 Einwohnern ergab das ein Quorum von 14 Unterschriften, d.h. mindestens 2,8%, in Gemeinden unter 100 Einwohnern sogar mindestens 17%. In kleinen Gemeinden konnte das Wahlrecht dazu führen, daß für einen Wahlvorschlag mehr Stimmen beizubringen waren, als für die Wahl in die Gemeindevertretung selbst erforderlich; in Gemeinden unter 98 Einwohnern wäre es unmöglich gewesen, so vie-

---

[42] Beschl. v. 10.11.1950 – P.St. 78.

[43] Urt. v. 14.4.1950 – P.St. 41 und 54.

[44] Urt. v. 9.4.1960 – 2/60, mit Gründen abgedruckt in BaWüVBl. 1960, 122.

[45] Urt. v. 12.11.1975 – WPG 2/75 –.

[46] Zur Anwendbarkeit der Vorschrift WPG, OVGE Bln. 13, 244 (253, 255 f.).

[47] BVerfGE 11, 266* war zum Kommunalwahlrecht ergangen (dazu WPG, OVGE Bln. 13, 244 [256 ff.]); BVerfGE 41, 399 (416 f.)* – Bundestag – folgte zeitlich nach.

[48] Urt. v. 19.1.1979 – WPG 1.79 – Kreiswahlvorschläge.

[49] Beschl. v. 6.2.1979 – WPG 2.79 – Bezirkslisten.

[50] Beschl. v. 5.5.1994 – 4 K 6/94 –.

le Einzelbewerber aufzustellen, wie in die Gemeindevertretung zu wählen waren. — Das OVG hielt es für verfassungswidrig, daß jeder Wähler nur einen Vorschlag unterstützen dürfe, weil dies jedenfalls in Gemeinden unter 500 Einwohnern eine nicht zu rechtfertigende Beschränkung der passiven Wahlfreiheit bewirke; zur Begründung wies es auch darauf hin, daß beim Wahlvorgang selbst die Möglichkeit des Panaschierens und Kumulierens bestand, also der Verteilung und unterschiedlichen Häufelung der Stimmen auf mehrere Bewerber.

Anhang B: Übersicht über die landesrechtlichen Regelungen

Der Vollständigkeit halber werden die Regelungen der Stadtstaaten Berlin und Hamburg über die Bezirks- bzw. Bezirksverordnetenversammlung ebenfalls aufgeführt. In Bremen gibt es zwei Stadtgemeinden; derjenige Teil der Bürgerschaft, also des Landesparlaments, der von den stadtbremischen Bürgern gewählt wird, ist zugleich Organ der Stadtgemeinde Bremen (Art. 148 I 3 Verf); die Stadtverordnetenversammlung Bremerhaven, als Organ dieser Stadtgemeinde, wird separat gewählt.

I. Geltungsgrundlagen für die Wahlrechtsgrundsätze im Kommunalwahlrecht

Baden-Württemberg: Art. 72 I Verf; § 26 I GO.
Bayern: Art. 12 I iVm. Art. 14 I 1 Verf (ohne ausdrückliche Erwähnung der Wahlfreiheit); Art. 21 I GLKrWG.
Berlin: Art. 54 I Verf (überarbeitete Fassung: Art. 70 I); einfachrechtliche Regelung nur für das Abgeordnetenhaus (vgl. §§ 7 I, 25 WahlG).
Brandenburg: Art. 22 III 1 iVm. I 1 Verf; § 33 GO.
Bremen: Art. 75 I 1 Verf (für die Bürgerschaft); §§ 5 I, 42 III WahlG.
Hamburg: Keine Garantie in der Verfassung oder im Wahlgesetz (vgl. Art. 56 Verf, § 3 BezVersWG).
Hessen: Art. 72 Verf (Freiheit, Geheimheit), Art. 138 Verf (Wahl der Bürgermeister etc.), ansonsten keine ausdrückliche Verfassungsgarantie; § 39 I 1 GO, § 1 KWG.
Mecklenburg-Vorpommern: Art. 3 III Verf; § 23 I 1 KV, § 3 I KWG.
Niedersachsen: Art. 57 II Verf; § 31 II 1 GO, § 4 I KWG.
Nordrhein-Westfalen: Keine ausdrückliche Garantie in der Verf (nur Art. 2: Wahlen als Ausdruck des Volkswillens); § 42 I 1 GO.
Rheinland-Pfalz: Art. 50 I 1 iVm. Art. 76 I Verf; § 29 I 2 GO.
Saarland: Art. 63 Verf; § 32 I KSVG, § 2 I KWG.
Sachsen: Art. 4 Verf; § 3 GO.
Sachsen-Anhalt: Art. 89 Verf; § 37 I GO.
Schleswig-Holstein: Art. 3 I Verf; keine Regelung im einfachen Recht (vgl. § 31 GO, §§ 7 ff. GKWG).
Thüringen: Art. 95 I Verf; § 23 II GO, §§ 13 I, 27 I KWG.

II. Sperrklauseln im Kommunalwahlrecht

Berlin: § 22 II LWahlG; *Bremen*: Art. 75 III Verf (Bürgerschaft), § 7 IV WahlG; *Hamburg*: § 4 II BezVersWG; *Hessen*: § 22 II KWG; *Mecklenburg-Vorpommern*: §§ 37 II, 38 II KWG; *Nordrhein-Westfalen*: § 33 I 2, 3 KWG; *Rheinland-Pfalz*: § 41 II KWG; *Saarland*: § 41 I KWG; *Schleswig-Holstein*: § 10 I GKWG; *Thüringen*: § 22 II KWG.

Keine Sperrklauseln in *Baden-Württemberg* (vgl. § 25 KWG); *Bayern* (vgl. Art. 32 GLKrWG); *Brandenburg* (vgl. § 48 KWG); *Niedersachsen* (vgl. § 36 KWG); *Sachsen* (vgl. §§ 21, 22 KWG); *Sachsen-Anhalt* (vgl. § 39 KWG).

III. Unterstützungsunterschriften für Wahlvorschläge zum Gemeinde- und Kreisrat (bzw. zur Bezirks- oder Bezirksverordnetenversammlung)

— *Baden-Württemberg* —

a) Höhe des Quorums
   - in Gemeinden bis 3.000 Einwohner: 10 Wahlberechtigte; bis 10.000 Einwohner: 20; bis 50.000 Einwohner: 50; bis 100.000 Einwohner: 100; bis 200.000 Einwohner: 150; darüber: 250 (§ 8 I 1 KWG); in Landkreisen: 50 Unterschriften (§ 8 I 2 KWG).
   - nur ein Wahlvorschlag je Wahlberechtigten (§ 8 I 5, 2. Hs. KWG, § 14 III Nr. 4 KWO).

b) Privilegierung der „Etablierten"
   - wahlvorschlagsberechtigt: Parteien, Gruppen, Einzelne (vgl. § 8 I 3 KWG, § 14 KWO[1]);
   - befreit vom Unterschriftenquorum: Parteien, die im zu wählenden Organ oder im Landtag vertreten sind; Wählergruppen (und Einzelne), die im zu wählenden Organ vertreten sind (§ 8 I 3 KWG).

c) Form
   persönlich und handschriftlich (§ 14 II Nr. 2 KWO); Nachweis der Wahlberechtigung nur bei Kreisratswahlen (§ 14 III Nr. 3 KWO); Formblatt (§ 14 III KWO); allgemein zu Inhalt und Form des Wahlvorschlags: § 14 KWO.

d) Protokoll der Aufstellungsversammlung
   kein zusätzliches Quorum (§ 9 I 4–6, IV 3–5 KWG).

e) Frist
   Ende: 45. Tag vor der Wahl, 18 Uhr (§ 13 I 1 KWO); Beginn: Einreichen der Wahlvorschläge ab Bekanntgabe der Wahl, diese spätestens am 55. Tag vor der Wahl (§§ 1 II Nr. 2, 13 I 1 KWO; § 3 I KWG); keine Regelung, daß Unterschriften erst nach Aufstellungsversammlung / Bekanntgabe geleistet werden dürfen.

— *Bayern* —

a) Höhe des Quorums
   - für jeden Wahlvorschlag 10 Unterschriften; Bewerber oder Ersatzleute dürfen nicht unterzeichnen; nur ein Wahlvorschlag je Wahlberechtigten (Art. 23 II GLKrWG);
   - für neue Wahlvorschlagsträger zusätzlich in Gemeinden bis 1.000 Einwohner: 40 Unterschriften; bis 2.000: 50; bis 3.000: 60; bis 5.000: 80; bis 10.000: 120; bis 20.000: 180; bis 30.000: 190; bis 50.000: 215; bis 100.000: 340: bis 150.000: 385; in Augsburg (264.378 Einwohner): 470; in Nürnberg (497.826): 610; in München (1.253.163): 1.000 (Art. 25 II GLKrWG); in Landkreisen bis

---

[1] Ferner *Püttner*, Kommunalrecht Baden-Württemberg, 1993, RN 172.

100.000 Einwohner: 340 Unterschriften; bis 150.000: 385; bis 200.000: 430; darüber: 470[2];
- ausgeschlossen: Wahlberechtigte, die einen anderen Wahlvorschlag unterzeichnet oder unterstützt haben (Art. 25 I 2, 2. Hs. GLKrWG);
- ausgeschlossen: Bewerber und Ersatzleute (Art. 25 I 2, 2. Hs. GLKrWG).

b) Privilegierung der „Etablierten“
- wahlvorschlagsberechtigt: Parteien und Wählergruppen (Art. 23 I GLKrWG);
- befreit vom zusätzlichen Quorum: Parteien und Gruppen, die im Organ vertreten sind (Art. 25 I 1 GLKrWG); neue Wahlvorschlagsträger, die bei der letzten Landtags-, Europa- oder Bundestagswahl in Bayern 5% der (Zweit-) Stimmen erhalten haben (Art. 25 II 2 GLKrWG).

c) Form
persönlich beim Wahlleiter (§ 25 I 2 GLKrWG, § 41 I GLKrWO); allgemein zum Wahlvorschlag: § 46 GLKrWG.

d) Protokoll der Aufstellungsversammlung
alte Bewerber: 2 Unterschriften neben der des Leiters, neue: 10 neben der des Leiters; jede Person darf nur eine Niederschrift unterzeichnen (Art. 26 III GLKrWG).

e) Frist
Ende: 41. Tag vor der Wahl, 18 Uhr (§ 41 I GLKrWG); Beginn: spätestens am 66. Tag vor der Wahl Aufforderung zur Einreichung der Wahlvorschläge, Einreichung erst danach möglich, nach Einreichung Auflegen der Listen beim Wahlleiter (§§ 38 I, 40 I, 41 I 1 GLKrWO).

— *Berlin* —

a) Höhe des Quorums
- 100 Unterschriften (§ 23 IV 1 LWahlG);
- nur ein Wahlvorschlag je Wahlberechtigten (§ 25 iVm. 10 X LWahlG; § 30 II Nr. 3 LWahlO);

b) Privilegierung der „Etablierten“
- wahlvorschlagsberechtigt: Parteien und Wählergruppen (§ 23 LWahlG);
- befreit vom Unterschriftenquorum: Parteien und Gruppen, die in der Bezirksversammlung oder im Abgeordnetenhaus vertreten sind (§ 23 IV 2 LWahlG).

c) Form
persönlich, handschriftlich, leserlich (§ 23 IV LWahlG, § 30 II LWahlO); Nachweis der Wahlberechtigung (§ 31 II LWahlO); amtliche Vordrucke (§ 25 iVm. 10 XII LWahlG); allgemein zum Wahlvorschlag: §§ 29–31 LWahlO.

d) Protokoll der Aufstellungsversammlung
kein zusätzliches Quorum (§ 23 II LWahlG; §§ 25 II, 31 I lit. b LWahlO)

---

[2] Zu den Einwohnerzahlen der drei großen Städte und zur Begründung der Staffelung s. Bayerischer Landtag, Drs. 13/1493 S. 10. Zuvor hatte Art. 25 I 1 GLKrWG v. 10.8.1994 (GVBl. S. 747) die Unterschriften von zusätzlich viermal so vielen Wahlberechtigten verlangt, wie Vertreter zu wählen waren; zu deren Zahl Art. 31 GO: 8 bis 80; somit ergab sich nach der alten Regelung folgende Staffelung der Unterschriftenzahlen: 32, 48, 56, 64, 80, 96, 120, 160, 176, 200 (bis 200.000 Einw.), 240 (bis 500.000) sowie 280 (Nürnberg) und 320 (München); in Landkreisen (s. Art. 24 LKrO) bis 75.000 Einw.: 200; bis 150.000: 240; darüber: 280.

e) Frist
Ende: 68 Tage vor Wahltag (§ 28 I LWahlO); Beginn: Aufforderung zur Einreichung von Wahlvorschlägen spätestens fünf Monate vor dem Wahltag (§ 26 I LWahlO), Einreichen bereits vorher möglich (§ 28 I 2 WahlO); Unterstützungsunterschriften erst nach Aufstellungsversammlung (§ 30 III LWahlO).

— *Brandenburg* —

a) Höhe des Quorums
   - Gemeinden und Städte bis 500 Einwohner: 3 Unterschriften; bis 1.000: 5; bis 2.000: 10; bis 20.000: 20; darüberliegende Städte sowie Landkreise: 30 (§ 28 VI 1 KWG);
   - keine Unterzeichnung durch die Bewerber selbst (§ 28 VI 6 KWG);
   - je Wahlberechtigten nur ein Wahlvorschlag (§ 28 VI 5 KWG).

b) Privilegierung der „Etablierten“
   - wahlvorschlagsberechtigt: Parteien, politische Vereinigungen, Wählergruppen, Einzelbewerber (§ 27 I KWG);
   - befreit vom Quorum: Parteien und Vereinigungen mit Sitz im Bundestag (sofern im Lande errungen), Landtag oder kommunaler Vertretungskörperschaft; Wählergruppen und Einzelbewerber mit Sitz in kommunaler Vertretungskörperschaft (§ 28 VII KWG).

c) Form
§ 32 IV KWVO, im einzelnen: persönlich und überprüfbar bei Wahlbehörde oder beim ehrenamtlichen Bürgermeister, ferner bei Notar oder sonstiger zur Beglaubigung ermächtigten Stelle (§ 28 II 2, 3 KWG); letzterenfalls Bescheinigung der Wahlberechtigung (§ 28 VIII KWG, § 32 IV 2, 2. Hs. KWVO); allgemein zum Wahlvorschlag: § 28 KWG, § 32 KWVO.

d) Protokoll der Aufstellungsversammlung
kein zusätzliches Quorum (§ 33 I, IV KWG).

e) Frist
Ende: 40. Tag vor der Wahl, 18 Uhr, bei der Wahlbehörde; 45. Tag vor der Wahl bei Bürgermeister, Notar oder sonstiger Stelle (§ 32 IV Nr. 1 KWVO); Beginn: frühestens am 120. Tag vor der Wahl (§ 32 IV Nr. 1 KWVO; s. auch §§ 31 IV 1, 2. Hs., 26 KWG, 31 II, IV KWVO).

— *Bremen* —

Die Vorschriften über die Bürgerschaft gelten gem. § 42 I WahlG, § 67 I WahlO grundsätzlich entsprechend für die Stadtverordnetenversammlung Bremerhaven.

a) Höhe des Quorums
   - 0,1% der Wahlberechtigten (§ 18 II 2, 1. Hs. WahlG);
   - je Wahlberechtigten nur ein Wahlvorschlag (§ 28 III Nr. 4 WahlO).

b) Privilegierung der „Etablierten“
   - wahlvorschlagsberechtigt: Parteien und Wählervereinigungen (§ 16 WahlG);
   - befreit vom Unterschriftenquorum: Parteien und Wählergruppen, die in Bundestag oder Bürgerschaft vertreten sind (§ 18 II iVm. § 16 II WahlG), in Bremerhaven auch solche, die Sitz in der Stadtverordnetenversammlung haben (§ 45 I 2 WahlG).

c) Form
persönlich und handschriftlich (§ 18 II 1 WahlG); Nachweis der Wahlberechtigung (§ 18 II 2, 2. Hs., 3 WahlG); amtliches Formblatt (§ 28 III WahlO); allgemein zum Wahlvorschlag: §§ 18 WahlG, 28 WahlO.
d) Protokoll der Aufstellungsversammlung
kein zusätzliches Quorum (§ 19 VI, VII WahlG).
e) Frist
Ende: 54. Tag vor der Wahl, 18 Uhr (§ 17 WahlG); Beginn: Aufforderung zur Einreichung von Wahlvorschlägen nach Bestimmung des Wahltages (§ 26 S. 2 WahlO), diese spätestens 9 Monate vor Ablauf der Wahlperiode (§ 14 WahlG); Unterstützungsunterschriften erst nach Aufstellungsversammlung (§ 28 III Nr. 5 WahlO).

— *Hamburg* —

a) Höhe des Quorums
- 120 Wahlberechtigte (§ 24 V 1–3 BezVersWG);
- je Wahlberechtigten nur ein Wahlvorschlag (§ 24 V 4 BezVersWG).

b) Privilegierung der „Etablierten"
- wahlvorschlagsberechtigt: Parteien, Wählergruppen, Einzelbewerber (§ 23 I BezVersWG);
- befreit vom Quorum: Parteien und Gruppen, die bei der letzten Wahl zum Bundestag, zur Bürgerschaft oder zur Bezirksversammlung in Hamburg mindestens 120 Stimmen erhalten haben (§ 24 V 1–3 BezVersWG).

c) Form
persönlich und handschriftlich (§ 24 V 1–3 BezVersWG); Nachweis der Wahlberechtigung (§ 24 VI BezVersWG); amtliches Formblatt (§ 20 II 1 WahlO); allgemein zum Wahlvorschlag: § 20 WahlO.
d) Protokoll der Aufstellungsversammlung
kein zusätzliches Quorum (§ 25 II, V, VII BezVersWG).
e) Frist
Ende: 34. Tag vor der Wahl, 16 Uhr (§ 24 IV 1 BezVersWG); Beginn: keine ausdrückliche Regelung (vgl. § 18 WahlO).

— *Hessen* —

a) Höhe des Quorums
- doppelte Zahl der zu wählenden Vertreter (§ 11 III 2 KWG);
  deren Zahl beträgt in Gemeinden bis zu 3.000 Einwohnern: 15; bis 5.000: 23; bis 10.000: 31; bis 25.000: 37; bis 50.000: 45; bis 100.000: 59; bis 250.000: 71; bis 500.000: 81; bis 1.000.000: 93; darüber: 105 (§ 38 GO);
  die Zahl der Vertreter beträgt in Landkreisen bis zu 100.000 Einwohnern: 51; bis 150.000: 61; bis 200.000: 71; bis 300.000: 81; bis 400.000: 87; darüber: 93 (§ 25 LKrO);
- nur ein Wahlvorschlag je Wahlberechtigten (§ 11 IV KWG).

b) Privilegierung der „Etablierten"
- wahlvorschlagsberechtigt: Parteien und Wählergruppen (§ 10 II KWG);

- lediglich fünf Unterstützungsunterschriften, wenn Partei oder Gruppe in der zu wählenden Vertretungskörperschaft, im Landtag oder, aufgrund eines Vorschlages aus dem Lande, im Bundestag vertreten ist (§ 11 III 1 KWG).

c) Form
eigenhändig (§ 11 III 1, 2 KWG); Nachweis der Wahlberechtigung (§ 11 III 3 KWG); amtliche Formblätter (§ 23 III KWO); allgemein zum Wahlvorschlag: §§ 11 KWG, 23 KWO.

d) Protokoll der Aufstellungsversammlung
kein zusätzliches Quorum (§ 12 III KWG).

e) Frist
Ende: 34. Tag vor der Wahl, 18 Uhr (13 I KWG); Beginn: Aufforderung zur Einreichung von Wahlvorschlägen spätestens am 47. Tag vor der Wahl (§ 22 I KWO); Einreichung vorher möglich (§ 22 II KWO); Unterstützungsunterschriften erst nach Aufstellungsversammlung (§ 23 III Nr. 5 KWO).

— *Mecklenburg-Vorpommern* —

a) Höhe des Quorums
- doppelte Zahl der zu wählenden Vertreter; in Gemeinden ab 1001 Einwohnern: die dreifache Zahl (§ 22 III 2 KWG);
  die Zahl der Vertreter beträgt in Gemeinden bis zu 500 Einwohnern: 7; bis 1.000: 9; bis 1.500: 11; bis 3.000: 13; bis 4.500: 15; bis 6.000: 17; bis 7.500: 19; bis 10.000: 21; bis 20.000: 25; bis 30.000: 29; bis 50.000: 37; bis 75.000: 43; bis 100.000: 45; bis 150.000: 47; darüber: 53 (§ 4 I KWG);
  die Zahl der Vertreter beträgt in Landkreisen bis zu 100.000 Einwohnern: 47; darüber: 53 (§ 4 II KWG).
- nur ein Wahlvorschlag je Wahlberechtigten (§ 24 II Nr. 4 KWG)[3].

b) Privilegierung der „Etablierten"
- wahlvorschlagsberechtigt: Parteien, Wählergruppen, Einzelbewerber (§ 20 KWG)
- befreit vom Unterschriftenquorum: Parteien und Gruppen, die in der Vertretungskörperschaft, im Landtag oder, aufgrund eines Vorschlages aus dem Land, im Bundestag vertreten sind (§ 22 III 2); Einzelbewerber, die einen Sitz in der Vertretungskörperschaft haben (§ 22 XI KWG).

c) Form
eigenhändig (§ 22 III 2); Nachweis der Wahlberechtigung (§ 22 III 3 KWG); amtliches Formblatt (§ 24 III KWO); allgemein zum Wahlvorschlag: §§ 22 KWG, 24 KWO.

d) Protokoll der Aufstellungsversammlung
kein zusätzliches Quorum (§ 23 II KWG; § 24 IV Nr. 3 KWO)

e) Frist
Ende: 34. Tag vor der Wahl, 18 Uhr (§ 21 KWG); Beginn: Aufforderung zur Einreichung von Wahlvorschlägen spätestens zwei Monate zuvor (§ 13 KWG, § 23 KWO); Unterstützungsunterschriften erst nach Aufstellungsversammlung (§ 24 III Nr. 5 KWO).

---

[3] S. dazu aber die Entscheidung des OVG MV, DÖV 1995, 293 (oben Anhang A II 2 d).

— Niedersachsen —

a) Höhe des Quorums
   - in Gemeinden bis 2.000 Einwohner: 10 Unterschriften; bis 20.000: 20; darüber und in Landkreisen: 30 (§ 21 IX KWG);
   - je Wahlberechtigten nur ein Wahlvorschlag (§ 31 IV Nr. 4 KWO).

b) Privilegierung der „Etablierten“
   - wahlvorschlagsberechtigt: Parteien, Wählergruppen, Einzelne (§ 21 I KWG);
   - befreit vom Quorum: Parteien, Gruppen und Einzelbewerber, die in der Vertretungskörperschaft einen Sitz haben; Parteien, die im Landtag oder im Bundestag ein im Land errungenes Mandat haben (§ 21 X KWG).

c) Form
   persönlich, handschriftlich (§ 21 IX KWG); Nachweis der Wahlberechtigung (§ 31 IV Nr. 3 KWO); Formblatt (§ 31 IV KWO); allgemein zum Wahlvorschlag: §§ 21 KWG, 31 KWO.

d) Protokoll der Aufstellungsversammlung
   kein zusätzliches Quorum (§ 24 II, III KWG).

e) Frist
   Ende: 34. Tag vor der Wahl, 18 Uhr (§ 21 II 2 KWG); Beginn: Aufforderung zur Einreichung von Wahlvorschlägen spätestens am 64. Tag vor der Wahl (§ 30 II KWO; s. auch § 16 KWG); Unterstützungsunterschriften erst nach Aufstellungsversammlung (§ 31 IV Nr. 5 KWO).

— Nordrhein-Westfalen —

a) Höhe des Quorums
   - in Wahlbezirken (§§ 4 I, 3 II KWG) bis zu 5.000 Einwohnern: 5 Unterschriften; bis 10.000 Einwohner: 10; darüber: 20 (§ 15 II 3 KWG); zusätzlich für die Reserveliste der Gemeinde die Unterschriften von 1 ‰ der Wahlberechtigten, mindestens aber 5 und höchstens 100 (§ 16 I 3 KWG).
   - Bewerber dürfen unterschreiben (§ 26 III Nr. 4 KWO);
   - je Wahlberechtigten nur ein Wahlvorschlag (§ 26 III Nr. 4 KWO).

b) Privilegierung der „Etablierten“
   - wahlvorschlagsberechtigt: Parteien, Gruppen, Einzelne (§ 15 I KWG).
   - befreit vom Unterschriftenquorum: Parteien und Gruppen, die in der Vertretungskörperschaft, im Kreistag, Landtag oder, aufgrund eines Wahlvorschlages aus dem Land, im Bundestag vertreten sind (§ 15 II 1, 2 KWG); ebenso etablierte Einzelbewerber (§ 15 II 3, 2. Hs. KWG).

c) Form
   persönlich und handschriftlich (§ 15 II 3 KWG); Nachweis der Wahlberechtigung (§ 15 II 4 KWG); Formblätter (§ 26 III KWO); allgemein zum Wahlvorschlag: §§ 15 KWG, 26 KWO.

d) Protokoll der Aufstellungsversammlung
   kein zusätzliches Quorum (§ 17 I, VIII KWG).

e) Frist
   Ende: bis 48. Tag vor der Wahl, 18 Uhr (§ 15 I 1 KWG); Beginn: keine ausdrückliche Regelung für Einreichung der Wahlvorschläge (vgl. § 24 KWO, § 14 I KWG); Unterstützungsunterschriften erst nach Aufstellungsversammlung (§ 26 III Nr. 5 KWO).

— *Rheinland-Pfalz* —

a) Höhe des Quorums
   - in Gemeinden bis 300 Einwohner: 10 Unterschriften; bis 500: 15; bis 1.000: 25; bis 2.500: 30; bis 5.000: 40; bis 7.500: 50; bis 10.000: 60; bis 15.000: 80; bis 20.000: 100; bis 30.000: 120; bis 40.000: 150; bis 60.000: 170; bis 80.000: 200; bis 100.000: 220; bis 150.000: 230; darüber: 250 (§ 16 II 1 KWG);
   - Bewerber dürfen nicht selbst unterschreiben (§ 16 II 5 KWG);
   - nur ein Wahlvorschlag je Wahlberechtigten (§ 26 II 3 KWO).

b) Privilegierung der „Etablierten"
   - wahlvorschlagsberechtigt: Parteien und Wählergruppen (§ 15 I KWG);
   - lediglich 10 Unterschriften bei Parteien, die im Gemeinderat, Verbandsgemeinderat, Kreistag, Bezirkstag oder Landtag vertreten sind; bei Gruppen, wenn sie im Gemeinderat, Verbandsgemeinderat, Kreistag vertreten sind (genauer § 16 III KWG).

c) Form
   persönlich bei der Gemeindeverwaltung, beim Notar oder einer sonstigen zur Beglaubigung befugten Stelle (§ 16 II 2, 3 KWG); u.U. Bescheinigung der Wahlberechtigung erforderlich (§ 25 VI Nr. 3 KWO); allgemein zum Wahlvorschlag: §§ 25, 26 KWO.

d) Protokoll der Aufstellungsversammlung
   bei Parteien eidesstattliche Erklärungen des Leiters und zweier Teilnehmer; bei Wählergruppen zusätzlich 5 Unterschriften von wahlberechtigten Teilnehmern (§§ 17 V, 18 II KWG).

e) Frist
   Ende: 34. Tag vor der Wahl, 18 Uhr (§ 16 I 5 KWG); Beginn: Aufforderung zur Einreichung von Wahlvorschlägen spätestens am 55. Tag vor der Wahl (§ 16 I 5 KWG).

— *Saarland* —

a) Höhe des Quorums
   - dreifache Anzahl der zu wählenden Gemeinderatsmitglieder (§ 22 IV KWG); deren Zahl beträgt in Gemeinden bis zu 10.000 Einwohnern: 27; bis 20.000: 33; bis 30.000: 39; bis 40.000: 45; bis 60.000: 51; bis 100.000: 57; darüber: 63 (§ 32 KSVG);
   - je Wahlberechtigten nur ein Wahlvorschlag (§ 22 V 1 KWG).

b) Privilegierung der „Etablierten"
   - wahlvorschlagsberechtigt: Parteien und Wählergruppen (§ 22 I KWG);
   - lediglich drei Unterschriften, wenn Partei oder Gruppe im Bundestag, Landtag oder Gemeinderat vertreten (genauer § 22 IV 2 KWG); auch in diesem Fall darf nur ein Vorschlag unterstützt werden (§ 24 VII 2 KWG).

c) Form
   persönlich beim Gemeindewahlleiter (§ 22 IV 1, 2. Teils. KWG); dort Prüfung der Wahlberechtigung (§ 17 III 1 KWVO); allgemein zum Wahlvorschlag: §§ 24 KWG, 19 KWVO.

d) Protokoll der Aufstellungsversammlung
   kein zusätzliches Quorum (§ 22 II, III KWG).

e) Frist
Ende: 32. Tag vor der Wahl, 18 Uhr (§ 22 IV 1, 2. Teils. KWG); Beginn: einen Tag nach Einreichung der Wahlvorschläge wird die Liste aufgelegt (§ 17 I 1 KWVO); Aufforderung zur Einreichung spätestens am 40. Tag vor der Wahl (§ 23 S. 1 KWG).

— Sachsen —

a) Höhe des Quorums
- in Gemeinden bis 500 Einwohner: 10 Unterschriften; bis 2.000: 20; darüber: 30 (§ 6 IV 1 KWG); für Landkreise entsprechend (vgl. §§ 48 ff. KWG);
- je Wahlberechtigten nur ein Wahlvorschlag (§ 6 IV 5, 2. Hs. KWG);
- Bewerber selbst dürfen nicht unterstützen (§ 6 IV 1 KWG).

b) Privilegierung der „Etablierten“
- wahlvorschlagsberechtigt: Parteien und Wählergruppen (§ 6 I 2 KWG);
- befreit vom Unterschriftenquorum: Parteien, die in Vertretungskörperschaft oder Landtag vertreten; in Vertretungskörperschaft vertretene Wählergruppen, wenn deren Wahlvorschlag von der Mehrheit der für die Wählervereinigung Gewählten, die dem Gemeinderat noch angehören, unterschrieben ist (§ 6 IV 3 KWG).

c) Form
eigenhändig bei der Gemeinde- oder Kreisverwaltung (§ 6 IV 2 KWG; § 17 I, III KWO); bei Kreiswahlen Nachweis der Wahlberechtigung (§ 17 III 5 KWO); allgemein zum Wahlvorschlag: §§ 6 KWG, 16, 17 KWO.

d) Protokoll der Aufstellungsversammlung
kein zusätzliches Quorum (§ 7 I 5–7, IV 4–6 KWG).

e) Frist
Ende: 45. Tag vor der Wahl, 18 Uhr (§ 6 II KWG); Beginn: Einreichung der Wahlvorschläge frühestens nach Bekanntmachung der Wahl (§ 6 II KWG), diese spätestens am 69. Tag vor der Wahl (§§ 1 IV KWG, 1 I KWO).

— Sachsen-Anhalt —

a) Höhe des Quorums
- 1% der Wahlberechtigten, jedoch nicht mehr als 100 (§ 21 IX KWG);
- je Wahlberechtigten nur ein Wahlvorschlag (§ 30 IV Nr. 4 KWO).

b) Privilegierung der „Etablierten“
- wahlvorschlagsberechtigt: Parteien, Wählergruppen, Einzelbewerber (§ 21 KWG);
- befreit vom Unterschriftenquorum: Parteien und Gruppen, die im Vertretungsorgan, im Landtag oder, aufgrund eines Mandates aus dem Lande, im Bundestag vertreten sind; Einzelbewerber, die in der Vertretung einen Sitz haben (genauer § 21 X KWG).

c) Form
persönlich und handschriftlich (§ 21 IX KWG); Bescheinigung der Wahlberechtigung (§ 30 IV Nr. 3 KWO); Formblatt (§ 30 IV KWO); allgemein zum Wahlvorschlag: §§ 21 KWG, 30 KWO.

d) Protokoll der Aufstellungsversammlung
kein zusätzliches Quorum (§ 24 II, III KWG).

e) Frist
Ende: 34. Tag vor der Wahl, 18 Uhr (§ 21 II 2 KWG); Beginn: Aufforderung zur Einreichung von Wahlvorschlägen spätestens am 64. Tag vor der Wahl (§ 29 II KWO; s. aber auch §§ 6, 15 KWG); Unterstützungsunterschriften erst nach Aufstellungsversammlung (§ 30 IV Nr. 5 KWO).

— Schleswig-Holstein —

a) Höhe des Quorums
- Gemeinden von 70 bis 500 Einwohner: 5 Wahlberechtigte; bis 1.000: 10; darüber und in Kreisen: 20 (§ 21 I GKWG);
- der Bewerber darf selbst unterstützen (§ 25 I Nr. 5 S. 4 GKWO);
- jeder Wahlberechtigte darf unterstützen: nur eine Liste, aber so viele Einzelvorschläge, wie Vertreter zu wählen sind (§ 25 I Nr. 5 S. 1 GKWO).

b) Privilegierung der „Etablierten"
- wahlvorschlagsberechtigt: Parteien, Wählergruppen, Wahlberechtigte (§ 18 I GKWG);
- befreit vom Quorum: Parteien oder Wählergruppen, die vertreten sind im Bundestag (durch ein Mandat, das im Land errungen wurde), im Landtag, im Kreistag oder in der Gemeinde (genauer § 21 II 2 GKWG).

c) Form
persönlich und handschriftlich (§ 25 I Nr. 2 GKWO); Nachweis der Wahlberechtigung (§ 21 I 1, 2. Hs. GKWG); Formblatt (§ 25 I Nr. 1 GKWO); allgemein zum Wahlvorschlag: §§ 20–22, 23–25 GKWO.

d) Protokoll der Aufstellungsversammlung
kein zusätzliches Quorum (§ 20 III GKWG; § 25 II Nr. 4 GKWO).

e) Frist
Ende: 34. Tag vor der Wahl (§ 19 GKWG); Beginn: Aufforderung zur Einreichung von Wahlvorschlägen nach Bestimmung des Wahltages (vgl. §§ 22 GKWO, 1 II GKWG); Unterstützungsunterschriften erst nach Aufstellungsversammlung (§ 25 I Nr. 3 GKWO).

— Thüringen —

a) Höhe des Quorums
- für jeden Wahlvorschlag 10 Unterschriften (§ 14 I 3 KWG); nur ein Wahlvorschlag je Wahlberechtigten (§ 18 IV KWO);
- für nicht-etablierte Bewerber zusätzlich die vierfache Zahl der zu wählenden Gemeinderäte (§ 14 V 1 KWG); das gleiche gilt entsprechend für die Kreistage (§ 27 III KWG);
  die Zahl der Gemeinderäte beträgt in Gemeinden bis zu 500 Einwohnern: 6; bis 1.000: 8; bis 2.000: 12; bis 3.000: 14; bis 5.000: 16; bis 10.000: 20; bis 20.000: 24; bis 30.000: 30; bis 50.000: 36; bis 100.000: 42; bis 200.000: 46; darüber: 50 (§ 23 III GLKrO/KO);
  die Zahl der Kreistagsmitglieder beträgt in Landkreisen bis zu 80.000 Einwohnern: 40; bis 120.000: 46; darüber: 50 (§ 102 III GLKrO/KO).
- je Wahlberechtigten nur ein Wahlvorschlag (§ 20 I 1, 2. Hs. KWO).

b) Privilegierung der „Etablierten"
- wahlvorschlagsberechtigt: Parteien und Wählergruppen (§ 14 I KWG);

- befreit vom zusätzlichen Quorum: Parteien und Gruppen, die im Bundestag, Landtag, Kreistag oder Gemeinderat vertreten sind (§ 14 V 1 KWG).

c) Form
persönliche Eintragung beim Wahlleiter (§ 14 V 2 KWG, § 20 I KWO); allgemein zum Wahlvorschlag §§ 14 KWG, 18 KWO.

d) Protokoll der Aufstellungsversammlung
kein zusätzliches Quorum (§ 15 II KWG).

e) Frist
Ende: 34. Tag vor der Wahl, wohl mit Ende der üblichen Dienstzeit (§ 14 V 2 KWG, § 14 I 1 KWO); Beginn: nach Einreichung des Wahlvorschlages (§ 14 V 2 KWG), diese frühestens nach Aufforderung (§ 17 I 2 KWG), diese spätestens am 58. Tag vor der Wahl (§ 17 I 1 KWG).

IV. Fundstellen der zitierten Vorschriften

Baden-Württemberg: *Verf* v. 11.11.1953 (GBl. S. 173); zuletzt geändert durch Gesetz v. 15.2.1995 (GBl. S. 269); *GO* v. 3.10.1983 (GBl. S. 578), zul. geänd. d. Ges. v. 8.11.1993 (GBl. S. 657); *KWG* v. 1.9.1983 (GBl. S. 429), zul. geänd. d. Ges. v. 7.2.1994 (GBl. S. 92); *KWO* v. 2.9.1983 (GBl. S. 459), zul. geänd. d. Verordnung v. 28.1.1994 (GBl. S. 105).

Bayern: *Verf* v. 2.12.1946 (GVBl. S. 333), zul. geänd. d. Ges. v. 20.6.1984 (GVBl. S. 223); *GO* in der Fassung der Bekanntmachung v. 6.1.1993 (GVBl. S. 65); zul. geänd. d. Ges. v. 10.8.1994 (GVBl. S. 761); *GLKrWG* i.d.F. d. Bek. v. 27.8.1995 (GVBl. S. 590); *GLKrWO* v. 28.8.1995 (GVBl. S. 605).

Berlin: *Verf* v. 1.9.1950 (VOBl. I S. 433), zul. geänd. d. Ges. v. 8.6.1995 (GVBl. S. 339); die überarbeitete Verfassung v. 5.7.1995 (GVBl. S. 420) bedarf noch der Volksabstimmung; *WahlG* v. 25.9.1987 (GVBl. S. 2370), zul. geänd. d. Ges. v. 3.7.1995 (GVBl. S. 400); *WahlO* v. 8.2.1988 (GVBl. S. 373), zul. geänd. d. VO v. 3.8.1995 (GVBl. S. 540).

Brandenburg: *Verf* v. 20.8.1992 (GVBl. S. 298); *KV* v. 15.10.1993 (GVBl. I S. 398) – darin *GO* (S. 398), *LKrO* (S. 433), *AmtsO* (S. 450) –, zul. geänd. d. Ges. v. 30.6.1994 (GVBl. I S. 230); *KWG* v. 22.4.1993 (GVBl. I S. 110); *KWVO* v. 31.7. 1993 (GVBl. II S. 412).

Bremen: *Verf* v. 21.10.1947 (SaBremR 100-a-1), zul. geänd. d. Ges. v. 1.11.1994 (GVBl. S. 289); *WahlG* v. 19.11.1990 (GVBl. S. 321), zul. geänd. d. Ges. v. 23.2. 1995 (GVBl. S. 117); *WahlO* v. 23.5.1990 (GVBl. S. 334), zul. geänd. d. VO v. 15.3.1995 (GVBl. S. 135).

Hamburg: *Verf* v. 6.6.1952 (GVBl. S. 117), zul. geänd. d. Ges. v. 27.6.1986 (GVBl. S. 167); *BezVersWG* in der Fassung v. 22.7.1986 (GVBl. S. 230), zul. geänd. d. Ges. v. 1.7.1993 (GVBl. S. 149); *WahlO* v. 29.7.1986 (GVBl. S. 237), zul. geänd. d. Ges. v. 29.6.1993 (GVBl. S. 145).

Hessen: *Verf* v. 1.12.1946 (GVBl. I S. 229), zul. geänd. d. Ges. v. 20.3.1991 (GVBl. I S. 102); *GO* i.d.F. v. 1.4.1993 (GVBl. 1992 I S. 534), geänd. d. Ges. v. 21.12. 1994 (GVBl. I S. 816); *KO* (LKrO) i.d.F. v. 1.4.1993 (GVBl. 1992 I S. 569), geänd. d. Ges. v. 21.12.1994 (GVBl. I S. 816); *KWG* i.d.F. v. 19.10.1992 (GVBl. I S. 582); *KWO* v. 26.9.1980 (GVBl. I S. 351), zul. geänd. d. VO v. 15.7.1992 (GVBl. I S. 349).

Mecklenburg-Vorpommern: *Verf* v. 23.5.1993 (GVBl. S. 372); *KV* v. 18.2.1994 (GVBl. S. 249); *KWG* v. 26.11.1993 (GVBl. S. 938); *KWO* v. 25.1.1994 (GVBl. S. 33).

Niedersachsen: *Verf* v. 19.5.1993 (GVBl. S. 107), geänd. d. Ges. v. 6.6.1994 (GVBl. S. 229); *GO* i.d.F. v. 22.6.1982 (GVBl. S. 229), zul. geänd. d. Ges. v. 9.9.1993 (GVBl. S. 359); *KWG* i.d.F. v. 28.10.1988 (GVBl. S. 189), geänd. d. Ges. v. 22.3. 1990 (GVBl. S. 101); *KWO* v. 1.2.1991 (GVBl. S. 47).

Nordrhein-Westfalen: *Verf* v. 18.6.1950 (GV NW S. 127), zul. geänd. d. Ges. v. 24.11.1992 (GV NW S. 448); *GO* v. 14.7.1994 (GV NW S. 666); *KWG* v. 15.8. 1993 (GV NW S. 521), zul. geänd. d. Ges. v. 17.5.1994 (GV NW S. 270); *KWO* v. 31.8.1993 (GV NW S. 592, Ber. S. 967).

Rheinland-Pfalz: *Verf* v. 18.5.1947 (VOBl. S. 209), zul. geänd. d. Ges. v. 13.12.1993 (GVBl. S. 591); *GO* i.d.F. v. 31.1.1994 (GVBl. S. 153); *KWG* i.d.F. v. 31.1.1994 (GVBl. S. 137), zul. geänd. d. Ges. v. 7.6.1994 (GVBl. S. 265); *KWO* v. 11.10. 1983 (GVBl. S. 247), zul. geänd. d. VO v. 1.2.1994 (GVBl. S. 77).

Saarland: *Verf* v. 15.12.1947 (ABl. S. 1077), zul. geänd. d. Ges. v. 9.6.1993 (ABl. S. 626); *KSVG* i.d.F. d. Bek. v. 18.4.1989 (ABl. S. 557), zul. geänd. d. Ges. v. 11.5.1994 (ABl. S. 818); *KWG* i.d.F. d. Bek. v. 3.12.1988 (ABl. S. 1273), zul. geänd. d. Ges. v. 11.5.1994 (ABl. S. 818); *KWVO* i.d.F. d. Bek. v. 9.2.1994 (ABl. S. 285), geänd. d. VO v. 5.7.1994 (ABl. S. 950).

Sachsen: *Verf* v. 27.5.1992 (GVBl. S. 243); *GO* v. 21.4.1993 (GVBl. S. 301), zul. geänd. d. Ges. v. 15.7.1994 (GVBl. S. 1432); *KWG* v. 18.10.1993 (GVBl. S. 937); *KWO* v. 13.12.1993 (GVBl. 1994 S. 21).

Sachsen-Anhalt: *Verf* v. 16.7.1992 (GVBl. S. 600); *GO* v. 5.10.1993 (GVBl. S. 568); *KWG* v. 22.12.1993 (GVBl. S. 818); *KWO* v. 24.2.1994 (GVBl. S. 338), geänd. d. VO v. 27.9.1994 (GVBl. S. 962).

Schleswig-Holstein: *Verf* v. 13.12.1949 (GVOBl. 1950 S. 3) i.d.F. d. Bek. v. 13.6. 1990 (GVOBl. S. 391); *GO* v. 2.4.1990 (GVOBl. S. 159), zul. geänd. d. Ges. v. 21.6.1994 (GVOBl. S. 304); *GKWG* i.d.F. v. 31.5.1985 (GVOBl. S. 146), zul. geänd. d. Ges. v. 17.12.1991 (GVOBl. S. 693); *GKWO* v. 17.9.1993 (GVOBl. S. 407).

Thüringen: *Verf* v. 25.10.1993 (GVBl. S. 625); *GLKrO (KO)* v. 16.8.1993 (GVBl. S. 501), geänd. d. Ges. v. 8.6.1995 (GVBl. S. 200); *KWG* v. 16.8.1993 (GVBl. S. 530); *KWVO* v. 3.2.1994 (GVBl. S. 93), geänd. d. VO v. 29.3.1994 (GVBl. S. 402).

Kolibri 360 GmbH
Ferdinand-Jühlke-Straße 7
99095 Erfurt, Deutschland
produktsicherheit@kolibri360.de

Druck:
CPI Druckdienstleistungen GmbH
im Auftrag der
Kolibri 360 GmbH
Ferdinand-Jühlke-Str. 7
99095 Erfurt